图说经济学

IMAGE INTERPRETATION

（彩图版）

青少年普及读物

丰富的知识宝藏
美妙的阅读之旅

黄友牛　著

TU SHUO JINGJIXUE

图说经济学

50多位经济学大师，200余幅精美图片

163千字美文，故事娓娓道来

在轻松的阅读空间里，时时闪耀着思想与智慧的光辉

文化的力量和图画的色彩一起流淌

开始一段愉快的彩色读书之旅

華文出版社
SINO-CULTURE PRESS

图书在版编目（CIP）数据

图说经济学 / 黄友牛著 .—北京：华文出版社，2009.2（2020.4 重印）

ISBN 978-7-5075-2582-3

Ⅰ . 图… Ⅱ . 黄… Ⅲ . 经济学－通俗读物 Ⅳ .F0-49

中国版本图书馆 CIP 数据核字（2009）第 021393 号

图说经济学

著　　者：黄友牛
责任编辑：杜海泓
封面设计：君阅书装
文字编辑：黎　娜　左武超
美术编辑：杨玉萍
出版发行：华文出版社
地　　址：北京市西城区广外大街 305 号 8 区 2 号楼
邮政编码：100055
电　　话：总编室 010-58336239　　发行部 010-58336267　58336230
责任编辑 010-58336210
经　　销：新华书店
印　　刷：永清县晔盛亚胶印有限公司
开　　本：720mm × 1010mm　1/16
印　　张：13
字　　数：163 千字
版　　次：2009 年 2 月第 1 版
印　　次：2020 年 4 月第 4 次印刷
标准书号：ISBN 978-7-5075-2582-3
定　　价：32.90 元

前言

PREFACE

经济学，是研究稀缺资源如何投入、生产、交换和消费才是最合算的一门科学。一位著名的经济学家说："学经济学其实很简单，你只要记住两个字就可以了。这就是'成本'。"这句话使经济学家们思考了许多许多：当政治家在那里讲出一系列社会成就的时候，经济学家想的是：取得这些成就的成本是什么？当法学家在讲如何保证法律公正的时候，经济学家想的是：人们在什么样的道德基础上，可以不付出太大的法律成本而获得与劳动相对应的幸福？当文学家在讲述作品中人物性格冲突的时候，经济学家想的是：博弈中的个体在利益冲突时，是如何以最小的成本选择了最有利于自己的行为？当医生在讲救死扶伤的时候，经济学家想的是：社会应该建立什么样的医疗保障制度，才能减少因越来越多的人"搭便车"而造成社会资源的浪费？"世界上没有免费的午餐"。这也许就是经济学，是人们最关心的经

济学，也是经世济民的经济学。

本书采取直观的图文呈现手法，引入“图说”理念，通过科学的体例、生动的文字、精美的图片和新颖的版式的有机结合，为读者提供一本易读、易懂的经济学入门读本。本书具有以下特点：一是以经济学史为线索，力求贯通古今；二是以经济学史“论”为内容，力求“博中透精”；三是以经济学故事为形式，力求雅俗兼具。许多人觉得经济学枯燥、乏味、抽象、难学。的确，如果你读一本充满数学推导公式的经济学教科书一定会有这种感觉。但经济学本来源自现实生活，应该是丰富多彩而生动活泼的。在现实生活中，大到国家的内政外交，小到百姓的穿衣吃饭，都离不开经济学，经济学就在我们身边，与我们的生活息息相关。为此，作者试图以经济学故事的形式，透过经济学家研究的问题，透过千万民众经历的平凡故事，以激起读者灯下抚额击掌的会心，使经济学真正从经济学家的课堂上，从学术研究的象牙塔里，从精密阐述的鸿篇巨制之中解放出来，以成为经世济民之学，通俗普民之学，科学富民之学。

本书无论体例编排还是整体设计，都注重人文色彩和艺术理念的有机结合，全力营造一个具有丰富文化信息的多彩阅读空间，使读者在轻松愉悦的阅读氛围中跨越历史的间隔、文化的差异、专业知识的障碍，轻松进入经济学的殿堂。

目录

CONTENTS

第三章 政治经济学

第四章 边际主义

第五章　凯恩斯主义

第六章　货币主义

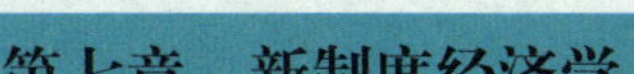

第七章　新制度经济学

第一章

经济学前奏

——17 世纪 50 年代以前

经济起源

——生活就是这样开始的

10万年前，在小亚细亚的大山里，有一个由猎人和采集者组成的部族。那是一个很小的群落：一些粗犷的蓬头垢面的男人、女人和孩子，用兽皮包裹着身体，褐色的皮肤布满了皱裂。山坡的崖壁上有他们的一个洞穴，可以挡风避雨，还可以抵御野兽的袭击。从洞口向远方望去：茂密的森林掩盖着延绵的山脉，青翠的树木装点着幽深的谷地，油绿的青草覆盖着广袤的草原，清澈的小河流淌着甜甜的溪水，使得部族的男女老少们能够繁衍生息。

这个部族的人们把自己称为“人”。因为除了他们之外，在那些森林中就再也没有其他同类出现了，偶尔遇到的少数类似的生灵，他们一律称之为“非人”或“陌生者”。

一天晚上，这个部族里的所有成年人都集聚在营地的篝火周围。年轻的男人们拄着长矛、弓箭站在那里，老年人都坐在地上，妇女们在为她们的孩子喂奶。在用兽皮包裹着的两块石头上坐着两

▶《磨光石器时代，猎熊归来》是画家科尔蒙1844年创作的，是描绘新石器时代人类生活的作品。

▲在西班牙东部发现的中石器时代的穴画，早期人类以狩猎为主要生存方式。

名男子，其中一个是中年人，另一个则是一位面庞消瘦、胡须花白的老者，他们是部族的酋长和萨满巫师。

在篝火前，站着一名年轻的妇女，怀里抱着一个婴儿，她低着头，肩膀前倾着。“情况非常严重！”一个斜背着一张用白蜡木和兽筋制作的弓的猎人说。“狩猎越来越困难了，野兽越来越少，甚至连兔子都很难打到。秋天到来之前，我们必须迁徙到别处去。”他用阴郁的目光看了那个年轻妇女一眼，但没有对她说什么。男人和女人们沉闷地坐在那里很久，后来有几个男人嘟囔着说：“是啊，情况就是这样。我们必须迁徙。”

年轻的妇女仍然静静地站在那里，似乎他们所说的一切，都同她无关。最后，萨满巫师终于开口说话了：“神灵把愤怒降临到人间。所以才把野兽赶走，把鱼虾驱尽。”他说：“我们之中有人违背了神灵的意愿。我们也知道是谁。”说完最后一句话，他把脸转向那个年轻妇女。“这就是那个罪人。”他喊道：“承认吧，是你破坏了神灵的古老法则！”年轻的妇女轻声地回答：“长途迁徙之前，我恐惧冬天的饥饿。我害怕我的孩子又会饿死，然后我就会没有后代离开人世。”“快说，你干了些什么?”“你们大家都知道，在外面，在我们排泄的地方，长着不少谷物。”

其他人都同意地点了点头。“当然，这一直如此。我们吃的是谷物，我们排泄的地方，当然要生长谷物。”年轻的妇女继续说：“我发现，特别是在我们排泄的地方，地上的谷粒最多。我把它们都拣了起来，然后又埋到了地下。”“排泄处的谷物……”男人们都摇着头，好像他们都受到了侮辱：“肮脏的谷物……当然……现在我们都明白了……”

“而今年春天，我埋谷粒的地方，又长出了新鲜的谷物。你们自己都已经看到了。它们长得很茂密。我们很快就可以收获谷粒了。”巫师抑郁地说：“你违反了法则。你要对我们部族的苦难负责。自有人以来，我们就依赖神灵恩赐的野兽、鱼虾、野菜、谷粒和森林中的果实而生活。”“但我的谷粒也是神灵的恩赐啊！”年轻的妇女说。“住嘴！你把自己置于神灵之上。我们必须消灭我们部族的毒瘤。我们要把你的谷粒拔下来烧掉，然后我们在秋天到来之前迁徙。”一切都按照巫师的意愿实现了。年轻妇女的土地被破坏了，人们在秋天离开了这里。这是一次可怕的大迁徙。到了春天，他们来到了另一个贫瘠的猎场。到了下一个冬天，情况更加严酷，人们的生活更加艰难。当又一个春天来临的时候，许多人没有能够逃过又一次大迁徙。在新的定居点，部族的人们又坐到了篝火的周围。

一个年轻人站了起来，他是部族的新巫师。老巫师已经死在山上的严寒中。他站起身来转向当时违背人类自己制定的法则的那名妇女。年轻妇女经过两个冬天之后，头发已经变得花白，面部满是皱褶，就像是一个老妪。正像她所惧怕的那样，她的孩子在迁徙中冻死了。年轻的巫师说：“你站起来！”妇女胆怯地站了起来。“神灵站

▼地图标识了最早的种植庄稼的地点，今天所知道的多数早期作物的种植都开始于肥沃的新月地带，这个地区的富饶来自于它温暖的气候和充足的冬季雨水。

到了你的一边，大家都可以看到。两个冬天以前，我们把你在地下播下种子长出的谷物全部拔掉，为此我们付出了沉重的代价。神灵的启示我们现在已经明白了：我们将走你的道路。部族的全体妇女都要去把谷粒埋到地下，像你当时做的那样。告诉我们，应该怎么做，这样我们到了冬天就不至于挨饿了。”

年轻的妇女向她的部族同胞讲解了她是如何做的：在雨季到来之前的早春，找一块土地，把上面其他的野草拔干净，然后把谷粒种在土里。在种谷物的周围，摆上石块或堆上泥土，防止风把谷粒吹走。于是女人们就按照这个方法开始耕种，男人们仍和他们的祖先一样去狩猎。

▲繁殖女神

后人把她尊为种子和生育女神。而那个老巫师则变成了传说中的毁灭和严寒之神。

开始时的收获，是微不足道的。但妇女们只把部分收获的谷粒加工成米粥，而留下一部分存放在干燥的地方，准备第二年春天到来时当种子使用。又过了很多代，这些用臼和杵来加工谷物的猎人和采集者才成为真正的农民。通过这种额外的食物来源，他们的生活有了更多的保障，不至于到了冬天又有那么多人死亡，部族也就越来越兴旺了。那个最早开始种庄稼的当年的“罪人”，到了老年成为一个智者和有权势的女人，在部族中没有人敢违背她的意愿。后人把她尊为种子和生育女神。而那个老巫师则在传说中变成了毁灭和严寒之神。

这个故事发生在距今10万年前的土耳其。发明耕种的那个时代，人们现在称其为“新石器时代”。尽管如此，他们还是在较短的时间里彻底改变了他们的生活方式：他们在村庄定居了下来，在田地里种植小米、大麦和小麦；在家里养殖马、牛、羊、猪等家畜；耕田时他们开始用牛来拉犁。农业的发明是一次真正的“变革”，“新石器时代的革

知识点击

新石器时代指的是一种取代打制石器文化的磨制石器文化，是以全新的社会和经济模式为标记的人类文化发展阶段。他们挑选了一些动植物，经由劳动来促进这些动植物的生长，作为生产者的人类，与作为创造者的大自然展开竞争，给自然的景色留下了不可磨灭的印迹。

▶新时器时代的收割石和燧石片

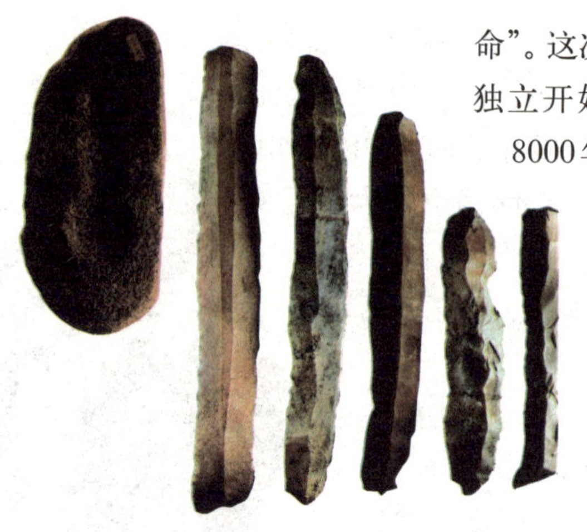

命”。这次革命，在世界各地都是独立开始的。在耶稣诞生前约8000年，在所谓的“富饶的新月区”开始了农业——那是土耳其东部，包括部分伊拉克、伊朗、叙利亚和黎巴嫩的地区。过了不久，人们在中国的部分地区，再后来在墨西哥和现在的美国也开始了动物饲养业和种植业。从这些地区，新的方法以不同的速度逐渐向全世界传播开来。

新石器时代的祖先发明了农业，也发明了“经济”。一切就是这样开始的——经济的起源。

劳动分工

——一个人不能什么都做

▲色诺芬头像

农业和畜牧业所产生的高额收获，给农民和牧民带来的不仅是有保障的生活，人们也有了可能使自己的劳动专业化。有些人继续去狩猎，有些人继续去耕田，也有的人去饲养牲畜。于是，第一批职业就出现了：牧民、农民、猎人，或许还有木匠和渔民。劳动分工的出现，提高了人们的生活水平。古希腊哲学家色诺芬(公元前430～前355)曾对此作过如下描述：“一个人什么都做，而且都做得好，这是不可能的。显而易见，只有在一个小的领域里劳动的人，才能做得最好。”

色诺芬写过一本关于一家农场(希腊文：oikos)经营情况的书，标题是：《Oikonomeia》，我们对现代经济称为“Oekonomie”，此词就来源于此。有了劳动分工，生活就有了提高，但同时也带来了争斗和嫉妒。

那个“人”的部族，经过了很多代以后，出现了一个既有权势又有威望的酋长。他年轻时是一个勇敢的猎人，后来在农业及同其他部族的战斗中也有卓越的表现。他的权势的标志，就是他有四个

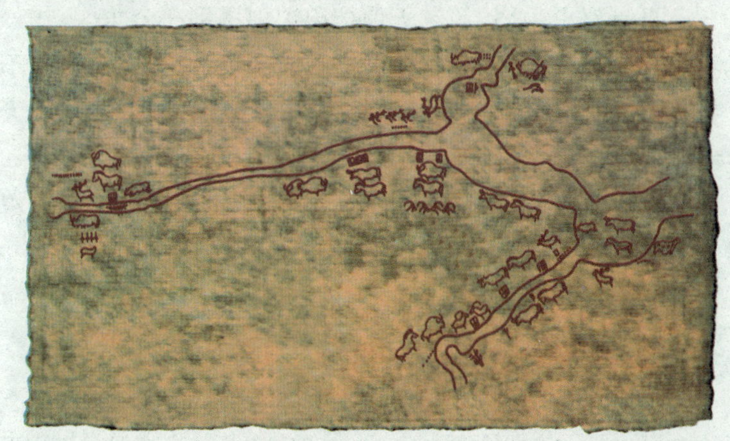

◀法国拉斯科洞穴中的原始放牧图的绘画结构。经过第一次社会大分工，畜牧业已经从农业中分离出来。

妻子，他们共同经营田地和饲养牛、猪和羊。他的第一个妻子为他生了两个儿子。两个儿子都很聪明、强壮和勇敢，但他们中只有一个人能够成为家族的首脑。正因为他们知道这一点，所以两人从小就开始争吵不休。他们经常斗殴，并嫉妒对方获得的猎物。

当他们都长大成人以后，酋长把两个儿子叫到身旁说：“你们从会走路开始就相互争斗，这种状况不能再继续下去了。所以我决定：你们两人必须分开，每个人自己去做一番事业。”

酋长对老大说：“你管理我们的耕地，必须按照老习惯把种子种下去，并看管庄稼的生长，最后负责收获和储藏。”说完，他又把目光转向了他的小儿子：“而你则负责管理我的牲畜。你必须保证猪有足够的饲料，保护羊群不受狼的袭击。等到秋天，牲畜要屠宰时，监视村子里的其他男人们。”

于是，两个儿子按照父亲的愿望进行了分工。大儿子成了农

民，小儿子成了牧民。但两人间的和平局面却没有实现。相反，大儿子在村子里，常常当着其他男人的面贬低自己的弟弟，说只会养猪放羊的人是不配当酋长的。而弟弟则把牲畜赶到哥哥的田里，糟蹋了庄稼。

一天晚上，决策做出来了。在共同的晚餐上，父亲让小儿子坐在他右边的表示荣誉的位置上。当小羊羔的肉在火上烤熟的时候，父亲从烤羊身上扯下了最好的一块里脊肉，用双手递给牧民。在场所有的人都知道：从事管理牲畜的小儿子已被指定为酋长的接班人。

哥哥怒火中烧。第二天他把弟弟引诱到一个角落，用一块石头把弟弟砸死。这个罪行很快就被揭露出来，但父亲却决定不把凶手杀死，而把他流放到远方。他离开了村子，从此再也没有人见过这个农民。

这就是“人”的部族中两个儿子的故事。或许有人觉得这个故事有些耳熟。因为在《圣经》中讲述了该隐和亚伯的兄弟之争，他们都是人的始祖亚当和夏娃的儿子。其中，农民该隐杀死了牧民亚伯，因为上帝看中了亚伯的供物，却看不中该隐的供物。

有分工就会有差别。只要大家不再做同一件事情，那么每个人之间的差别就会日益明显。只要总体收获超过应该分配的数量，那么每个人的不同就会产生更大的后果：有人勤奋，有人懒惰；有人笨拙，有人聪明；有人温柔，有人残暴。不仅是勤奋和聪明可以创造比过去更多的收获，还有欺骗、欲望和霸道。由于劳动收益的增加，那么单个的人就不一定非要从事单纯为了生存的活动不可了。比如艺术家、星相家和教士，还有国王、奴仆和士兵。只是有了劳动分工之后，文化、科学和艺术才成为可能。

延伸阅读

劳动分工的形成

我们生活在一个劳动者的社会中，因为只有劳动以及其与生俱来的繁殖力才有可能创造出丰富的物质。我们将工作变成了劳动，使之成为一个细小的部分，直到形成劳动分工。劳动分工使最简单的活动也具备了一种共同的标准，以从人类劳动力——它是自然的一部分，或许是一种最具力量的自然力——中消除所有“非自然的”障碍，以及人类技艺的世俗的稳定性。

产品交易

——岩石上的羊皮和陶罐

随着“人”部族的繁衍兴旺和分工的出现，便产生了交换产品的需要。农民种植的小米和大麦，牧民饲养的山羊和绵羊，猎人捕获的猎物，只有通过交换，才能使人们的生活更加丰富多彩。

有一天，发生了一件令人惊奇的事件。猎人们带了一件人们从来没有见过的物品：形状高高的，中间鼓鼓的，口子圆圆的，从远处观看，好像是用沙土堆成的，而用手一摸，又像石头一样坚硬而且十分光滑，其表面还绘制了各种兽类模样的花纹。于是，“人”的部族们把它叫做罐子。

这个罐子是猎人们在一个村庄的边缘找到的，那里距离“人”的部族居住地有七天路程，那里的人们生活在一大片湛蓝的带有一点咸味的水的岸边。居住在那里的陌生人，是在很久以前，迁居到这里的。他们经过长期的实践，掌握了一种制作陶罐的手艺。

而“人”的部族除了用动物头骨和木碗做器皿

▲原始人所制陶器

◀原始制陶图
这些罐子的生产总是少量的，磨光和装饰好后就开始风干和焙烧——这幅雕刻画没有把这个步骤表现出来。

外，从来没有使用过其他的容器。现在，他们有了这个罐子，他们几乎欣喜若狂！因为，陶罐不仅可以用来运输饮水、收集羊奶，而且可以用来储藏食物。那么，怎样才能得到更多的陶罐呢?这时，巫师萌发了灵感："我们可以送给陌生人一些东西。或许他们会作为回礼送给我们一些罐子。"

酋长有些疑虑："我们应该送给他们些什么呢?而且你怎么知道他们懂得我们的习俗呢?"

"我们可以送给他们一些我们富余的东西。"巫师说，"山羊皮和绵羊皮。他们会接受我们的礼物的，因为在那大片湛蓝的咸水岸边，几乎没有牧场。"

于是，他们派出了五名勇敢的猎人，每人背了一捆羊皮，从他们居住的地方出发，去与陌生人交换陶罐。经过长途跋涉，七天之后他们来到了湛蓝的咸水岸边，他们称之为海边。到达目的地后，他们在小树林中等待着，直到天黑了下来，才把羊皮放到距离陌生人村庄不远的一块岩石上，并用一些石块把"礼品"压住，然后又回到小树林里躲藏起来。第二天，他们来到岩石旁看了一看，羊皮还放在那个地方。到了第三天，猎人们发现情况发生了变化：大约有一半羊皮不见了。岩石上堆放了很多他们从未见过的红色的鱼。这些鱼长得和他们在山中小溪里捕到的鱼完全不一样。

▶随着生产力的不断发展，人们的交易活动也更加频繁。

▲陆上运输
发明了车子和驯化了动物之后，人们就可以长距离地运输笨重的货物了，这也促进了贸易的发展。

猎人们产生了怀疑：这些鱼能吃吗?这是不是一个陷阱?尽管他们知道，到了晚上，这些鱼就会腐烂，但他们没有动这些鱼，而是继续等待着。第四天早上，猎人们终于有了收获：岩石上的鱼不见了，剩下的羊皮也不见了。岩石上摆了两只陶罐和三只碗，这正是他们所需要的东西，猎人们兴高采烈地把这些器皿带回了村子。

这样，送礼和回礼就成了第一笔交易。第一笔交易成功之后，这个部族的男人们就经常把他们剩余的皮革送往海边的岩石上。又过了不知多少时候，他们也敢和那些陌生人直接见面了。这些人虽然说着完全听不懂的另外一种语言，但是他们可以用手势和表情进行相互交流，可以了解有关他们希望交换的物品及相应的代价。"人"终于开始和陌生人讨价还价了。

希腊历史学家希罗多德(公元前490～前425)曾讲述过迦太基人当时是如何同北非石器时代的民族进行交易的：航海者停在一个海岸边，把他们的东西放到那里。然后再把船开走，点燃起信号烟雾。当地的人只要看到烟雾，就会跑出用黄金换走那些东西。如果迦太基人对支付的黄金感到满意，他们就开船离去；如果不满意，则等待支付足够的黄金后再走。这段话，似乎就是对"人"和陌生人之间产品交换最明确的阐释。

延伸阅读

文明的兴起

随着农业、商业和社会组织形式的出现，技术开始得到了长足的发展。原始人学会种植作物和驯养动物后，就改变了以往四处漂泊、茹毛饮血的生活方式，世界各大流域的农业集居地也蓬勃发展起来，这些河流包括尼罗河、底格里斯河、幼发拉底河、印度河和黄河。这些流域土地肥沃，收获的粮食能养活更多的人口，于是人们开始注重手工技艺，制作陶器、工具、武器和奢侈品，而这些手工艺制品则越来越多地用于与邻近的部落进行交易。

“人”和陌生人之间通过讨价还价，使羊皮和陶罐之间产生了一种双方都能接受的关系：羊皮就是陶罐的价格。从送礼和还礼，变成了劳务对劳务的交换。一方要猎取超过本身需要的猎物，而另一方则要生产更多的陶器。从而促进了双方的专业化，使劳动分工得到了进一步的深化。

经济合同

——苏美尔人泥板上的协议

在新石器时代，并不是所有的物品都可以进行交易。比如说牛奶或者牲畜，没有卡车和冷藏设备——是无法长途运输的。可以交易的物品必须体积小，便于保存比较珍贵，才值得人们冒长途运输的辛劳和风险。如宝石就是当时较受欢迎的交易品，还有黄金和陶制品。在今天的叙利亚，人们发现了绿晶石和蓝青石，它们也就成了进行交易的物品。估计，可能是在挖掘寻找其他宝石的过程中，人们找到了铜矿石，并从中提炼出了纯铜。冶金术早在公元前7世纪就已经发明，冶炼业也从此出现。

▶**苏美尔人的青铜器**

这个人举着苏美尔特有的平凸砖。铸造青铜器用的铜和锡不会产在同一个地方，所以，要想铸造青铜器，就必须经过交换。

底格里斯和幼发拉底两河流域古代文明，是人类历史上最古老的文明之一。古希腊人把两河流域叫做“美索不达米亚”，意思是“两河之间的地方”。就今天来说，两河流域相当于今天的伊拉克一带。冶炼工匠开始用铜和锡混合炼出了青铜，标志着新石器时代的结束和青铜器时代的开始。青铜不仅便于交易，而且也使得交易成为必然。因为，铜和锡并不总是出产于同一个地方；谁要是想两者都使用，就必须进行交换。为了进行交易，人们不再依赖他们原来生活的地区。他们就不一定要留在一切生活用品都有的那个地方，这就决定了居民迁移的方向和方式。

▲这种球饰又称土球，是用来记录交易情况的。交易双方先在土球柔软的黏土表面压上记号，再把它们放入球内。万一发生纠纷，可打开土球仔细检查其内的记号。学者们认为这一制度促使了文字的产生。

在公元前4世纪，苏美尔民族迁徙到了幼发拉底和底格里斯之间的两河地区(美索不达米亚)，并建立了第一批固定的城市。修建城市的石料和木材，都是从远处运来的商品。这里是两河的冲积平原和三角洲，同埃及的尼罗河一样，两河也是定期泛滥，时涨时落，只有建设起堤坝沟梁来蓄水排涝，人们才能耕种收获。两河流域的居民主要使用牛、驴拉着木犁耕地，最主要的农作物是大麦和椰枣。大麦酒是人们最喜欢喝的饮料，椰枣是人们的主食之一。与此同时，苏美尔人开始在沿河绿洲经营农业，但困难重重：春天，洪水泛滥成灾；夏季，阳光炙热干旱；秋天，风沙蝗虫袭击。于是，苏美尔人便发明了复杂的灌溉和运河体系。而这些体系的建立又使维护和管理成为必要，于是便出现了负责这种管理的社会结构，今天我们把它称为“国家”。

在产品交易的实践中，苏美尔人发明了文字。考古学家发现，在苏美尔人曾经居住过的地区，他们最早是把简单的图像刻画在一

延伸阅读

历史发出的令人激动的声音

大多数楔形文字泥板记载的要么是乏味的商业流水账，要么是例行的政府备忘录，但苏美尔人和阿卡德人还把文字用于更有意义的方面——他们简练的谚语、激烈尖刻的咒语和古怪的幽默。下面是其中一小部分代表作：

1. 勿以牙还牙，公正对待你的敌人；行善事，一辈子做个善良的人。
2. 仓促说出的话可能会使你日后后悔。
3. 到那些古代遗址四处走走，看看普能人和伟大者的头颅。哪颗头颅的主人曾生前行善，哪颗头颅的主人曾生前作恶？
4. 尚无妻子或孩子养活的人鼻子上还未拴上缰绳。
5. 不吃肥肉粪便中就不会有血。
6. 敬畏上帝、不做坏事不会招致你的毁灭。

块块软泥板上。每一个图像就是一个概念：太阳、水、男人、女人。由于在软泥板上写直线最容易，由于这种文字形状成尖劈形，所以被称为楔形文字。经过研究认为，美索不达米亚文字是从记录数量逐渐发展起来的。随着商业活动的出现，需要记录和保存一些计算数据，于是形成了一条从图画文字向楔形文字发展的轨迹，变成了由很多楔形组成的文字。

五千多年前，苏美尔人是出于什么考虑要用文字形式把他们的思想固定下来呢?理由我们可以设想很多：为了管理幼发拉底和底格里斯两河流域间的灌溉体系，他们必须尽可能准确地预测洪水，观察星辰的变化并把观察结果告诉给别人；行政管理也同样要求一条正确的途径去取得和记录信息；国王的奴仆和官员都依靠下属子民的捐税而生活，因此必须准确地规定，谁什么时候缴纳多少税款，另外，国王们肯定也不反对把他们的名声流传给后世。

但文字对商人们才是最重要的。早在苏美尔最古老的泥板上，人们就已发现了“商人”这个词。在教士之间，如果需要还可以口头交流他们复杂的知识。但商人们在陌生的地点和陌生人谈判陌生的商品，因为他们的生意比较复杂，已经超出了单纯用羊皮交换陶罐的界限时，就必须用一种方式把他们之间的协议固定下来。由于

▲苏美尔人建造的大城市——乌尔，城内商业十分繁荣，这块泥板被用于记录当时的交易情况。

有了文字，就可以把劳务的交换用合同固定下来。这对经济史的意义是怎么估计也不会过分的。

一份合同规定了一方有供应某种商品的义务，即使他有时感到并不舒服，比方他为提供皮革所耗费的支出超过了预想。只有通过这样可靠的协议，才有可能持久地同关系并不亲密或根本就不认识的人进行分工。只有这样才能保证，劳务互换按照协议进行。

合同越是复杂，那么对它的监督就越加重要。简单的商品交换，几乎是自动进行的。但大笔交易，双方就必须得到保障，对那些违反协议中义务的人可以进行惩罚。为进行这样的监督，就需要有国家。因此，苏美尔人在政治上的进步，也为他们带来了经济上的好处。

苏美尔的商人们，对待他们的书面协议是很认真的：每笔生意都详细地记录在泥板上。他们按照规定的重量浇铸金锭和银锭，并在上面打上印章，当做支付手段使用，这就使复杂的易货交易变得简单了。苏美尔人还为重量制定了量器：最大的单位约为25千克，称为泰伦特。然后分为60米纳(Minen)，每一米纳分为60谢克尔(Schekel)。不仅是文字给苏美尔人带来了好处，而且还得益于他们在数学方面所取得的进步。从那个时代留到今天的有：我们把每小时分为60分，每一分钟又分为60 秒，以色列国的货币至今仍称为“谢克尔”。

钱币的发明

——吕底亚王国的神物

如果买卖双方都能如愿地得到他所需要的东西，那么交易活动就很简单。在“人”和“海岸”部族之间进行的交换就是如此，他们只是用羊皮换取陶罐，或者用陶罐换取羊皮。但在苏美尔时代，真正的贸易就复杂得多了。如果100名商人需要交换100种不同的商品，每个人怎样才能得到他正好所需要的东西呢？

这个问题的答案，在世界各个不同的地方都有所发现：他们选择了间接的方式。商人们不再交换物品，而是共同决定一种特定的物品，用它来交换其他一切物品。于是这个物品就具有了其他物品的象征，我们今天称其为“钱”。德文中的“钱”（Geld）字中，包含着“通用”(Gelten)的意思，而这正是钱的功能：钱对所有的商品都是通用的，它是充当一般等价物的特殊商品，所以，人们又把它称之为“通货”。

在不同的时代，被当做钱的物品是不一样的。在非洲的某些地区，人们的财富是用牛的数目来衡量的；在南海，人们把贝壳当做钱使用；在东欧是皮革；在中国是写着汉字的纸条。而苏美尔人所用的金锭和银锭，同牛和贝壳等相比有着很多明显的优势：金银都是贵重金属，而且在世界上的数量很少。一块金锭，虽然体积不大，但价值不小。另外，这种金属可以分割，不易损坏，不流失也不会变质。

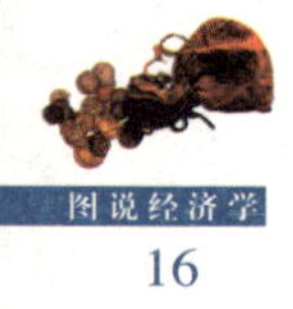

尽管金银锭优点突出，但使用起来却不方便，并不能适应日常生活的需要。假如你拿一块金锭去买一个面包，在没有特殊分割工具的情况下，交易就无法顺利实现。为了解决这种交易中遇到的困难，人们只有事先把金锭分成若干小片，才能使交易得以顺利进行。于是，分割金银锭的方法终于在距今约2700年前出现。那时人们开始把金锭和银锭切割成大小不同的薄片，然后在上面打上一个印记，准确标出每一片的重量。在交易中，人们只要看一下这片贵重金属上面的标志，就会明白他拿在手中的价值，这样硬币便产生了。大约在公元前700年，在小亚细亚的吕底亚王国——发明农业的那个地区开始铸造，造币技术很快就从小亚细亚传到波斯和希腊，然后传遍整个地中海地区。

▼吕底亚硬币

当时铸造的硬币和我们现在使用的相似：硬币的一面大多是各国国王或皇帝的头像，另一面则是数字。由于吕底亚的硬币十分便利，所以也被那些当时还没有掌握造币技术的国家所接受。

吕底亚人“发明”硬币，但他们并没有意识到这是一种发明，而只是一种简单的试验，并一直感到是受到神力的控制。当时，黄金被看做是一种神物：它放射着神秘的光芒，而且永不生锈。所以，在交易使用之前，金块是被当做供品摆放在寺庙中的，它被当作同神灵进行交易的手段。在很多地方神像都是镀金的，而苏美尔人在他们的金币和银币上都打印上女神伊什塔尔(Ischtar)的头像。她是繁殖和死亡之神。德文“钱”(Geld)字的字根gelten，最早时不仅有“通用”和“替代”的意思，而且也有“忏悔”和“牺牲”的意思。在整个人类历史中，钱始终伴随着一丝神秘的色彩，直到今日。

▲古希腊金银币

钱的神秘性，在古代肯定是十分巨大的，因为闪光的黄金会使大量占有它的人获得前所未有的权势。而在其他人的眼里，就像是一种魔法——既善良又邪恶的魔法。在钱的帮助下，他们不仅可以进行交易，而且可以比过去更容易地富裕起来。钱的作用并不像刀剑和长矛那样锋芒毕露，但其效果却更为持久和长远。用钱可以收买人，甚至可以让人按照自己的意愿行事。

另外，钱还有增值的能力。把钱借给他人，可以索要利息，这样又可以得到更多的钱。所以，那些硬币在古代人的眼里，是一种可以衍生后代的物品。他们认为，这是一种超乎自然的过程。因而在很多宗教中，教士们禁止教民收取利息——但最终却无济于事。很多人认为，钱会使人堕落。

在钱币发明的那个时代，也产生了著名的希腊克里特米达斯王的传说：他可以把一切都变为金钱，只要他愿意。发明硬币的吕底亚人飞速富裕起来，在邻国人民中名声大振。

延伸阅读

钱币的世界之最

最古老的钱币是古代希腊(今土耳其境内)吕底亚金币。

最轻最小的钱币是1740年发行的1/4加瓦尼泊尔银币，重0.02克。

最昂贵的银币是面值10德拉马克的希腊银币，在瑞士苏黎世市场以27.2万美元售出。

政府发行的最大的金币是1631年印度斯坦的莫卧儿皇帝沙贾汉铸的票面为1000“Mohur”的金币。

最早的纸币是中国于1368～1399年发行的交子。

市场的产生

——法兰克国王小丕平的命令

钱币的发明和流通，极大地推动了商业的发展。但困扰商人们的是无法在一个相对固定的时间和地点进行交易，从而影响了商人交易的数量和速度。比如，在劳役庄园里，农民某一年的葡萄生产很好，但酒桶却不够用，无法把所有的葡萄都酿制成美酒。于是葡萄农就要从有富余酒桶的人那里购买。粮食收获不好的第二年春天，农民需要种子，而年成好时，就得把富余的粮食卖出去。

有些东西在劳役庄园也是无法自己生产的，例如盐，这是当时的一种十分重要的产品，因为它是保存肉类和奶酪不可缺少的材料。它产生于盐井或者欧洲北部的佛里斯兰的岛屿，那里的农民很早就挖掘盐泥，然后从中煮盐。后来，在阿尔卑斯山区又开发了盐矿。时至今日，还有很多城市的名称表明早年曾有开发过盐矿的历史。它们大多都在名字里面有一个“萨尔茨”(Salz 盐)字或者“哈尔”(Hall 煮盐屋)、萨尔茨维德尔、萨尔茨堡、施瓦本哈尔、巴德赖兴哈尔、蒂罗尔的哈尔等。

▶一个提着一篮葡萄，挑着一只野兔的乡村农民，正赶着他的牛去赶集。交易已经成为人们生活不可缺少的部分。

但在哪里才能找到可以用富余产品交换缺欠物品的场地呢？当时的道路很差，古罗马原有的道路已经坍塌，强盗和窃贼使国家很不安全。所以就有必要让农民尽可能不要出门太远就能解决这些问题，最好的办法，就是为有交换愿望的人选择一个定时和定点的场地进行交易，那就是集市，也就是人们今天所说的市场。

在公元744年，法兰克国王小丕平——后来的查理大帝的父亲下令，在他的帝国中每个大居民点均设立周末集市。每当集市到来之时，赶集的人们就像过节一样兴高采烈。大人和小孩儿，丈夫和妻子，小伙子带着自己心爱的恋人，陆陆续续来到集市购买他们所需要的物品。而集市的卖主——农妇、工匠和商贩们则早就在规定的地点作好了一切准备：有的搭起了带棚的摊位，有的则把他们的苹果、梨、葡萄等水果摆放在铺在地上的布上，也有的把活鸡、活鸭等关在小笼子里准备出售。当赶集的人们到来后，商贩们使出浑身本领，喊的喊、叫的叫、唱的唱、舞的舞，介绍和推销他们的商品。在热闹非凡和嘈杂声中，买卖双方讨价还价，最后完成交易。

集市在人类的发展中，是一个十分惊人的创造。它在各个时期和世界各个地方先后不断涌现。小丕平时代集市的运作，和阿拉伯城市的集市、跳蚤市场和现代交易所没有什么两样：谁要是想出售物品，他就想尽可能以高价出售，而谁要是需求某种物品，他就想尽量少支付代价。或者，像经济学家说的那样：价格越高，需求越小，进而供应就越多。而如果价格越低，供应就越少，而需求就变大。如果一个集市运作正常，那么供货者就不必到了晚上再把货物带回家去。买者和卖者将一直讨价还价直到集市供求双方“全部抵消”为止。

伴随着集市的出现也产生了对集市的干预。如果国王下令调低面包价格，普通人就可以买得起更多的面包，但面包的供

▼贵霜帝国地处“丝绸之路”必经之处，当时中国的对外贸易十分频繁，人们骑着骆驼，载着货物，促进了东西经济与文化的交流。

应却会越来越少，因为面包商赢利太少甚至会亏本，只得改行经营别的商品。结果，顾客必须排长队购买，集市上的面包很快就被买光或者根本就买不到；如果国王允许提高面包价格，以满足面包师的愿望，那么集市上面包的供应量就会大幅度增加，但能够买得起面包的人却减少了。面包师到了晚上还将有很多面包卖不出去，最后不得不把剩余的面包再拿回家去。因此，在自由竞争中，商贩对一种商品可以索要的价格，很大程度上取决于市场的供求关系。

中世纪初期，即公元8世纪，不仅有集市存在，而且已经逐渐出现了远程贸易。从当时留下的文献中，我们可以看到商人把货物运往印度、阿拉伯，以及从拜占庭和意大利向德国运输货物的记载。这些商人大多出自具有希腊罗马时期经商传统的家族。

开放的隋唐

——中国最早的国际交易会

▲五铢钱 隋
隋代手工业发达，经济繁荣，铸币延续汉以来五铢钱的风格，但铸造工艺更加先进，币样规整，结实耐用。

钱币的发明和市场规则的完善，进一步促进了贸易的繁荣。到了中国的隋唐时期，中国已经成为世界贸易的中心之一，公元609年在张掖举办了中国最早的国际交易会。

为了举办好这次国际交易会，提高隋朝中央政府在少数民族和国际上的信誉，隋炀帝委派智略过人、志向高远的吏部侍郎裴矩于605年前去张掖上任。裴矩到达张掖后，便全身心投入对外开放事业。他与国外商人、使节等不同阶层主动接触，并与他们平等、真诚相处，赢得了他们的信任。同时，他了解到了各国的自然地理、风土人情、物产特色、服饰礼仪等，也阅读了大量外国的图书典籍，积累了丰富的第一手材料。在此基础上，裴矩撰写了图文并茂的《西域图记》一书，并且将此书上奏隋炀帝。《西域图记》全面记载了丝绸之路通过咽喉敦煌之后的3条道路的走向，详细介绍了西域等44国的政治、经济、文化、民族以及历史上与中国的关系等具体情况，对各国的服饰形状、国王百姓等还附有图形。

与此同时，裴矩在主持河西对外贸易期间，还不断派遣隋朝使者前往高昌、伊吾等地，盛情邀请各国国王、使者和商人前来隋朝进行参观访问。隋朝也授权裴矩以张掖为中转站，进而向首都长安和陪都洛阳等地招引外国使臣和商人。经过裴矩等人的悉心联络和全面安排，西域各国前来内地者日益增多，沿途由朝廷无偿为他们提供食宿、交通和保卫工作，使这项活动成为一种花费较小、收获较大的政府行为。这些外国商人和使节到达内地后，应邀参加各种祭典、娱乐、商业及考察活动，享受着非常优厚的待遇。

▲隋炀帝像

经过裴矩4年的经营和精心准备，隋炀帝于公元609年6月到达张掖，亲临燕支山(今甘肃张掖山丹境内)。接见27国的国王(包括高昌王翔伯雅等)及使者，主持了国际交易会。隋炀帝接见过27国国王和使者后，为了显示隋王朝的经济实力和皇帝的尊严，还下令由隋朝为各国国王和使者提供佩戴的金玉，并且每人都披一件当时最珍贵也是最流行的毛纺织品——金罽。数十里的地方，车水马龙，人肩相擦，热闹非凡。隋炀帝还向各国国王和使者展示了一种可以拆卸和组装的豪华活动宫殿——观风行殿。在当时，这种活动宫殿的科技含量相当高，外国使者、商人和国王将其看做“神物”，认

延伸阅读

隋唐时期的西域经济

隋唐是中国封建社会极盛时期，唐帝国的军事实力和政治声威使唐朝西部疆域跨过葱岭，推进到了中亚，而且国强不怕外侮，边关大开，只要持有“公验”、“过所”通行证，不论中外人士都可自由往来，丝绸之路畅行无阻，交往贸易空前繁荣。屯田遍及天山南北，生产长足发展，军事设施和通讯系统，从长安的安远门一直连接到帕米尔。丝绸之路上此时出现了许多规模宏大的新兴城镇，唐朝政府先后在天山南北设立安西都护府和北庭都护府，统辖巴尔喀什湖以东以南广大地域的军政事务，又设龟兹、于阗、疏勒、碎叶四大军镇，以拱卫西陲，增强国防。在邻近内地的吐鲁番、哈密一带，设置州县乡里，实行均田、府兵，兴办学校，教授《论语》、《孝经》等课程。隋唐盛世的到来极大程度地促进了西域各国经济的发展，同时也促进了各民族的团结。

▶隋唐时期的阿拉伯商人头像

为是不可思议的，纷纷遥拜。隋炀帝与翔伯雅等国王和使者在观风行殿内一边观看具有民族特色的鱼龙戏，一边畅怀痛饮。在这次国际交易会上，演奏的是同样具有民族特色的歌舞《清乐》、《龟兹》、《西凉》等九部乐。在盛大的歌舞演出活动中，张掖成为不夜城。这次国际交易会使张掖旧貌换新颜，一时张掖成为国际交流的都市，中国对外开放的窗口，外国人进入中国内地的中转站。

这次国际交易会规模之大、参加国之多、人数之众，堪称史无前例。在当时产生了非常深远的社会影响，提高了隋朝的国际地位，标志着丝绸之路黄金时代的到来，其黄金时代一直维持到海上丝绸之路的兴起。

世贸的普及

——威尼斯商人的传奇旅行

到了11世纪末，爆发了一场宗教战争——十字军东征。十字军东征原本是一场征服别人的战争，而它的结果却促使欧洲向世界开放。地中海地区的贸易日益繁荣，印度和中国的货物不断涌入欧洲。

这时，有一个名叫马可·波罗(1254～1324)的威尼斯商人于1271年进行了传奇式的旅行。他穿越巴格达和波斯最终到达了北京。他的《马可·波罗游记》详细地介绍中国广袤的土地、丰富的物产、繁荣的经济和发达的贸易，从而改变了当时欧洲人对世界的看法。同时也改变了他的家乡的命运，使威尼斯一跃成为地中海地区最强大和最富有的城市，其老对手热那亚不得不屈居第二。

威尼斯人组织了强大的商船队，把威尼斯货物运抵君士坦丁堡和埃及的亚历山大，然后再从那里把印度、波斯和中国出产的宝石、布匹、丝绸、香草、胡椒、肉豆蔻和丁香等运回威尼斯。在这些货物中香料和肉豆蔻在中世纪是珍稀和昂贵的物品。因为，中世纪末期人们的饮食习惯和今天有很大区别。那时，既没有咖啡和茶叶，也没有可可。水果无法在很短的时间内运去，所以人们很少吃蔬菜和沙拉，只是吃米粥、面包和肉类。为了便于保存，肉类都是用盐腌制的，要把腌肉做得好吃一点，就需要放些佐料进去，而这些佐料都生长在“香料岛”上，即产于今天的印度和印度洋的岛屿上。因此，威尼斯的贸易获得了巨大成功。

赢利丰厚的印度贸易，一直兴旺到土耳其占领小亚细亚。经过长期战争，土耳其人于1453年5月29日占领了君士坦丁堡，并更名为伊斯坦布尔，成了奥斯曼帝国的首都。这样一来，通过波斯前往印度的商路随之中断。为了继续享受印度的豪华商品和香料，就必须绕过非洲开辟新的海上通道。

这时，有一个当时欧洲人很少听说过的年轻的航海民族脱颖而出，这就是位于伊比利亚半岛最西端的葡萄牙。葡萄牙的航海事业开始于15世纪，先是沿着非洲的西海岸，寻找前往东方的通道，他们在非洲港

▲马可·波罗像

◀马可·波罗旅行图

▲马可·波罗那样的探险家在欧洲与远东之间旅行，同时也促进了经济的发展和思想的传播。

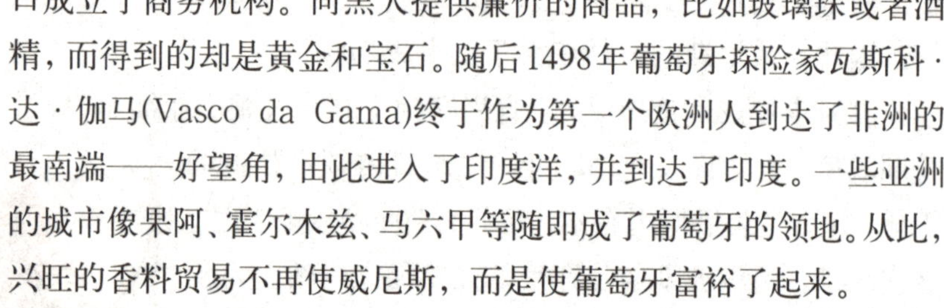

口成立了商务机构。向黑人提供廉价的商品，比如玻璃珠或者酒精，而得到的却是黄金和宝石。随后1498年葡萄牙探险家瓦斯科·达·伽马(Vasco da Gama)终于作为第一个欧洲人到达了非洲的最南端——好望角，由此进入了印度洋，并到达了印度。一些亚洲的城市像果阿、霍尔木兹、马六甲等随即成了葡萄牙的领地。从此，兴旺的香料贸易不再使威尼斯，而是使葡萄牙富裕了起来。

葡萄牙人扩展他们的贸易使用了不怎么光彩的手段。他们使用武力占领当地居民的贸易集散地，使之成为葡萄牙的殖民地。葡萄牙士兵、商人和基督教传教士携手从事残暴的掠夺。这样，欧洲使用血腥的手段建立了他们的世界经济。

知识点击

十字军东征是封建主、天主教会和大商人以维护宗教为名，扩张势力，攫取新的领地和财富并缓和西欧社会矛盾的侵略战争，它促进了西方基督教的传播。大批欧洲人涌向东方，同时东方文化也促使了欧洲文明觉醒，为文艺复兴运动开辟了道路。

资本的产生

——富翁雅格布

生产发展带来了商业繁荣，商业繁荣则进一步推动了生产发展，而生产的发展则依赖于资本，因此，到了15世纪中叶资本和资本积累开始产生。

你想知道资本产生的过程吗？那么就让我们从奥格斯堡的一个著名商人家族的命运讲起吧！1367年，农民的儿子汉斯·富格尔，从勒希费尔德的格拉本村来到了奥格斯堡，在一个织布师傅那里当帮工。在家乡，富格尔家族和当时大多数施瓦本农民家庭一样有一台织布机。南德的田里生长着亚麻，农户家中的妇女和城市中的织工都把亚麻织成麻布，这是一种可以缝制成褂子、裤子和其他服装的材料。所以，汉斯·富格尔从小就在母亲那里学会了织布。到了奥格斯堡以后，由于他进行了一些技术上的革新，所以很快就有了发展。他把亚麻和棉花放在一起用织机织成布料，这种新布料人们称为"绒布"，质地比单纯的麻布更细腻和富有弹性。过去只有意大利人才会生产绒布，现在奥格斯堡也能生产了。

富格尔不仅在城里和周围地区出售他的产品，而且还进入了长途贸易的行列。棉花当时是一种新的纤维材料，它只生长在温暖的地区，必须用钱从外面买来才行。因此，一个有成就的织工也必须了解货币经济体系。这样，富格尔就成为了一个精明的商人，从其他织工那里购买产品，然后再把产品卖出去。同时，奥格斯堡也为富格尔成长为大商人提供了很好的条件。这里是从威尼斯到法兰克福和从维也纳到斯特拉斯堡两条古商路的交汇点。汉斯·富格尔时期，富格尔家族就已经成为奥格斯堡的首富。他的儿子雅格布·富格尔(人称老富格尔)把公司变成了一家商行，从俄罗斯的诺夫格罗德直至西班牙的塞维利亚，从伦敦直至那不勒斯，都设立了分号。而他的儿子雅格布(人称富翁)，生活在1459至1525年，使富格尔家族成为欧洲的一种政治势力。他的方法就是把商务和金融结合在一起，让钱为他效力，钱变成了资本。

▼雅格布·富格尔投资修建的住房，现在已经成为著名的观光建筑。

雅格布进入公司时才19岁，先是被他的父亲派往威尼斯。威尼斯是地中海地区最美丽、最繁华而又最富有的城市，德国商人已在这里建立了自己的商务会所——Fondacod dei Tedeschi。那里有储存货物的仓库，开会办公的写字楼和下榻的房间，德国人可以在那里聚会或举行各种商务活动。但雅格布·富格尔的兴趣却不在他们的德国同胞，而是更多地关注意大利人。他们比他在家乡打交道的德国同行更精明能干。在威尼斯，雅格布学会了如何经营银行业务，而且作为第一批德国商人了解到复式记账法所带来的好处。后来，当他开始领导公司时，就首先实行了这种新的记账方法。而他的会计师马特乌斯·施瓦茨后来则成了传奇人物。

雅格布26岁的时候，按照家族继承人的规定先去外地当值，于是他到了因斯布鲁克。当时蒂罗尔首府的统治者是公爵西格蒙德·冯·哈布斯堡，他有个外号是“富有钱币者”。因为在因斯布鲁克附近，也就是卡尔文德尔山脉边缘的施瓦茨地区，人们发现了银矿。这座银矿使西格蒙德有可能铸造足够的银币供他花费。但他的

问题是，他对钱的需要量远远超过他的银币来源。他需要钱和威尼斯及瑞士打仗，他挥霍浪费，修建豪华的房屋，而且要养育40个私生子女。

雅格布·富格尔巧妙并无情地利用了西格蒙德的弱点。他把做生意赚来的钱，用于金融生意。他借给公爵很多钱，而公爵把蒂罗尔银矿的开采权作为抵押。由于西格蒙德无法偿还债务，所以这个银币来源也就落入富格尔的手中。所有这些贷款并没有能够使西格蒙德摆脱困境，最后不得不把蒂罗尔让给他的表弟马克西米利安一世。后者使蒂罗尔和奥地利实行了统一，并让儿子菲利普和西班牙王室的继承人约翰娜联姻，从而哈布斯堡就成了欧洲最强大的统治者家族了——而在这个兴起的过程中，富格尔就是他的付款人和业务伙伴。最后，马克西米利安于1508年被选为神圣罗马帝国皇帝。

他们两个人第一次见面是在帝国大会上，也就是有德意志各个君主参加的1489年法兰克福的会议上。马克西米利安需要钱，他要购买蒂罗尔，他要为战争和他的生活支付费用，需要量绝不亚于他的表哥西格蒙德。从1487年到1494年，富格尔向哈布斯堡家族提供了62万古尔登的支持，这在当时是一个梦幻数字，而富格尔及他的兄弟们的财产公开的数字却只有5万古尔登。富格尔之所以能够提供如此巨大数量的现金支持，是因为富格尔把他的商行变成了真正的银行。他借出的钱，不仅是自己的，而且也有别人的。有些有钱的人希望他的财产能够获得高利息，但却不一定希望别人知道他们的财产状况。其中的一个，就是蒂罗尔的公爵主教布利克森。富格尔和这位神职人员保持着业务关系，因为作为教会的仆人，他其实是不应该占有个人财产的，所以他们之间的业务关系极端保密。时至今日，人们也没有完全搞清楚，这位主教到底从哪儿弄来这么多的钱，他用这些钱又都干了些

◀**15 世纪繁荣的商业贸易图**
图为塞维利亚港口，14～15世纪这里是贵重金属的集散中心，商业十分繁荣。

▼ 热那亚借贷者数硬币

15世纪信贷已经成为主要的商业活动之一。

什么，以及他死后这些钱都到哪里去了。

一方面，富格尔同需要钱的君王们打交道，另一方面，他又和想对自己财富保密的富人们保持往来。而他同欧洲各国都有联系的商行，又有可能使这两方面获得利益。那些想遮掩自己财富的顾客，如布利克森主教，在这种关系中起着特殊重要的作用，因为不必担心他们会把钱取出去。富格尔这个银行家和商人就可以利用这些资金长期做生意。

富格尔家族的公司为雅格布和他的两个哥哥乌利希和格奥尔格共同所有。1494年他们三人签订了公司协议，每人都答允，在六年之内把他们的股份和赢利留在公司内部。这样他们就创造了公司持续发展的先决条件——富足的自有资本。

雅格布·富格尔资助马克西米利安登上了神圣罗马帝国皇帝的宝座，皇帝则把一块伯爵领地赠给他作为奖赏。到了1511年，他获得了贵族头衔。马克西米利安死后，富格尔又支持了他的孙子西班牙查理二世国王参加神圣罗马帝国皇帝的竞选。雅格布·富格尔

在1519年帝国大会上拿出了852000古尔登，贿赂帝国的各个贵族，最后选举了查理，而没有选举查理的对手法国的弗兰茨一世。

◀黑奴贸易也是资本原始积累的重要手段

查理成了德意志皇帝以后，富格尔家族和哈布斯堡王室的关系更加密切。1525年，雅格布去世的时候，富格尔家族企业正处于其权势的高峰；但到了他的侄子安东掌权以后，就开始江河日下了。安东·富格尔及他的儿子马尔库斯得出了正确的结论：同皇帝和国王做大买卖的时代已经一去不复返了。他们从商行抽出资金，购买了风险较小的地产。作为地主，富格尔家族在奥格斯堡仍然发挥影响达百年之久，但作为商行却不再起什么作用了。

和很多革新者一样，富格尔家族也是充满矛盾的。他们使信贷成为一个强大的工具，推动了商务和手工业向前发展。但他们却同属于过去的权势结成了同盟。他们拒绝宗教革新和宗教自由，反对革新派人物。他们参与贩卖非洲黑奴，并在账目中隐瞒，估计在良心上也受到谴责。尽管如此，雅格布·富格尔却出资修建了有史以来的第一批社会住房：奥格斯堡的“富格尔住宅区”，直至今天还是游客乐意参观的景点。

延伸阅读

意大利教士的发明——复式记账法

意大利教士卢卡·帕西奥里（1445～1514）总结阿拉伯和意大利商人的实践发明了复式记账法，这种记账法把一个公司所发生的一切业务，都对应地按借贷关系记录下来，建立起企业的结算，这样就使商人系统地了解了他们的业务情况，精确计算出企业的赢利，更重要的是商人们可以制定一份别人也能看得懂的数字图表——资产负债表。这个新方法，很快从意大利传播到整个欧洲，直至全世界。

银行汇兑

——充满风险的长凳贩者

▲ **西班牙对中南美洲的征服者**埃尔南·利尔泰斯（上图）和弗朗西斯科·皮萨罗。

货币的流通，很快促进了贸易和交通的发展。

西班牙人曾在“新世界”（阿美利加）把金矿掠夺一空，很快带动了欧洲货币业的发展。按照人们今天的计算，自从发现阿美利加之后，欧洲的货币流通量在很短时间内就增加了10倍。

据说菲迪南和伊萨贝拉曾把第一船黄金送给了教皇，教皇让人用这些供品把罗马的圣玛利亚教堂的拱顶镀上了黄金。为了显示西班牙的权势和财富，两位“天主教陛下”于1497年颁布命令，取消现有的一切钱币。一种新的钱币诞生了，它的价值相当于两枚威尼斯杜卡特金币，故称为“Dublonf”。Dublonf的价值保持了两代人之久。这是早期一次成功的币制改革。

与此同时，在匈牙利发现了银矿。由于白银产量的增加，大银币塔勒尔开始铸造，然而这一切却导致了物价的上涨。除了西班牙——由于可以交易的货物相应增多，所以贸易和制造业都得到了兴旺发展。在一个钱币很少的社会，如果有了额外的钱币出现，它就像水流一样使得国内的物品流动起来。直至今日，我们仍然对手头有足够现金的人说，你很“流畅”，因而人们又常常把现金称为流动资金。流动资金的增加，使得借钱更加容易了，于是贷款的利息开始下降。

其实，借钱早在几百年前就已经开始。比如，一个农民收成不好，他就需要借钱来养家糊口或购买种子，并要借钱向国王支付高额的捐税。但当时借钱的利息常常高得使农民无法偿还债务，有的农民因为无法还清债务可能变成债奴，甚至变成奴隶。所以，教士和教会领袖是禁止收取利息的。《圣经》里说："我民中有贫穷人与你同住，你若借钱给他，不可如放债的向他取利。"这就是说，谁要是收取利息，在中世纪就被看成是放高利贷者。

▲证券和汇兑票据在欧洲被人们普遍接受。马里纳斯·范·默雷斯韦勒在这幅《钱商和他的妻子》中所描绘的那些商人大发横财，投机和诈骗大行其道。

最初的借贷者就是兑币人。他们在意大利城市的集市上摆着长凳进行钱币兑换业务，所以人们称他们为长凳贩(bancheri)。长凳贩的顾客如果觉得受了骗，就把长凳打碎——被打碎的长凳在意大利文中是 bancarotta，就是"破产"的意思。

在中世纪末期，意大利银行家广泛开展汇兑业务。这项业务是这样进行的：一个商人在威尼斯交给兑币人一笔钱，如100杜卡特，兑币人则向商人提供一项支付许诺，即所谓的汇票。商人拿着这张汇票可以在另外一个城市，比如热那亚的银行家那里结算，取得他做生意所需要的热那亚货币。

这种汇兑手段很快得到了发展，商人不需要事先交一笔钱，而只要得到一份建筑在诚信上的汇兑凭证就可以进行交易了。在意大利文中信贷"credere"="信任"。信贷，即信任的许诺与金钱有同等的价值，实际上等于金钱。信贷产生后，威尼斯商人就可以用

延伸阅读

信用资本

信用资本是建立在相互信任、互利合作、共赢共荣基础之上的社会关系，以诚信、合作、规范为共同准则，以信誉为基础的人际信任关系。它能降低成本，增强社会生产力，协调社会关系。它是经济软环境建设的重要内容。信誉是信用资本的实质，信用资本是信誉的货币表现。信用融资额度是信用资本的尺度，信用资本是信用融资额度的基础。

这种方式进行长途航海贸易，然后用赢利偿还兑币人的信贷。而且，这种汇兑不需要本人去结算，他也可以转让给另一个业务伙伴去办理。这样一来，汇票就成了一种支付手段。汇票可以使本来无法进行的交易成为可能。中世纪晚期汇票的出现，实际上就是发展到今天的银行汇兑，即各种复杂的金融工具的开始：约期交易、期货贸易和保险业务。均期交易、期货交易和保险业务等各种复杂的金融工具也就紧随其后开始了。

“布尔斯”

——交易所的来历

商人们如果想做生意，那他们就必须见面。这句话今天听起来有些滑稽，但在中世纪和文艺复兴时期，情况就是这样。由于道路恶劣又缺乏通讯手段，商人们为了谈生意就必须商定一个固定的地点定期会见。这种定期会面对农民和手工业者来说是周末集市，而对商人来说就是交易会。它大多选在宗教节日，在一个重要的贸易地点举行。著名的交易会城市有莱比锡、法兰克福以及纽伦堡。

对经济发展有过特殊意义的还有佛兰德的布鲁日。早在14世纪，有一个叫范德布尔斯(Vande Beurse)的家族在那里开了一间旅店，接待参加交易会的各地商人。这个家族的名称来源于他们的族徽，上面画有三只皮囊(拉丁文Bursa“布尔斯”)。在这家旅店里，人们可以聚会，可以收集情报，可以得到新商品信息，也可以知道哪些商人可靠和哪些不可靠。如果人们想开辟新的商务途径，就得去找“布尔斯”。这个说法逐渐成了人们的口头禅，到了后来商人们即使在其他城市定期聚会，也称其为“布尔斯”(Beurse)，德文就是交易所的意思。1531年，安特卫普修建了第一座真正的交易所大厦为世界各国的商人开放，标志着交易所的正式诞生。

交易所的一个重要特点是人们进行交易的货物并不带到交易

所来，而只是带来货物的凭证。这个措施的优点是把很昂贵也很麻烦的货物交易变成在纸上进行交易，交易成功后再把货物直接运到所需要的地方去。特别适合交易所的交易项目，是那些不需要运输的东西，因为它不是物质的，而是所谓精神的。也就是说，凭证本身就是商品，就可以进行买卖，比如汇票。早在14世纪，在威尼斯里亚尔托大桥旁就有人买卖汇票，后来又增加了威尼斯共和国的债券。

在交易所中，人们还可以进行有风险的海外贸易交易。通过交易，一些商人达成协议共同投资，装备一艘共同所有的商船，以便把越洋航行对每个人的风险局限在一定范围内。因为当时的海外贸易风险是很大的。例如一个叫科内利斯·豪特曼的荷兰商人，作为第一个荷兰人抵达了今日的印度尼西亚，返回时原来的249名海员只剩下了89人。但这次航行却被看成是巨大的成功。一艘船回来

◀维特创作的绘画表现了当时阿姆斯特丹证券交易所的情景。

▶ **柜台的钱商贸易**

15、16世纪意大利繁荣的商业使商人很容易赚取到贸易资本，钱商们开始经营货币，其操作程序非常类似于现在，包括向外供款，出售保险，处理外汇，以及信用证转账。

时，如果带来丰厚的货物，那么参与者就能分配由此得到的赢利，如果遇到海难或遭海盗抢劫，那么每个人的损失也不会那么沉重。

商人在等待共同投资的商船归来时，如果产生了担忧，他也可以提前把他的那一部分投资卖出去。但这个份额的价值就要比原来的减少一些，因为大家都已经看到，这个商人对他的投资失去了信心。而购买这个份额者，虽然也知道有风险，但如果商船安全归来，则收益就会很大。

延伸阅读

文艺复兴的影响

文艺复兴是13～17世纪发生在欧洲的资产阶级思想文化革新运动，反对封建制度、以复兴希腊、罗马古典文化为号召，主张创造资产阶级新文化。其以人文主义作为世界观与指导思想，主张以人为中心，反对以神为中心；要求用人性、人道、人权取代神性、神道、神权；主张个性解放，重视人的价值，提倡文化科学与世俗享受。人文主义思想渗透了文艺复兴的各个领域，打破了天主教会的思想统治，推动了反封建的革命斗争，促进了近代自然科学的兴起与文学艺术的繁荣，并为后来资产阶级革命做了舆论准备。

投机狂热
——“郁金香根茎时代”

交易所的投资富有风险和挑战性。比如，高风险的商船共同投资，谁要想参与这样的商船生意，他就必须对未来有一个预测，以便能够把风险和可能的赢利进行综合对比，这既是风险也是机会。“展望未来”一词在拉丁文中是Speculari，共同投资的商人们就是Spekulanten，德文就是“投机者”的意思。这项事务中最重要的是信任。首先要相信所有的合伙者都会履行自己的义务，同时也要相信他们如果不履行义务会受到国家的惩罚。

1602年，荷兰人在商船事务中进行了革命性的改革。一批商人组建了一个装备商船的协会。于是，即使商船返回他们不再像以前那样各自回家干自己的事情，而是继续在一起共事，他们把这个共同的机构称为东印度公司。政府则赋予这个公司独家经营权，专门负责荷兰前往印度的航运事务。组建这个公司所需要的资金，共约650万荷兰盾，由六个荷兰城市承担，其中的一半是阿姆斯特丹的份额。

这样，东印度公司的份额进入了阿姆斯特丹交易所交易。这就是股份(Aktien)。在荷兰文中Actie的意思就是英文的“Action”，也就是“行动”或“要求”的意思。通过发行股份，东印度贸易的风险不再由荷兰国家，而是由商人和投机者承担。反过来说，这些人也可以分享公司所获得的利润，而他们每个人所占有的钱，都不足以单独装备一艘商船。像当年的富格尔家族经营银行一样，交易所用一种十分有效的手段把资金的供求结合了起来，因为风险由所有参与者共同承担。交易所和股票的发明，又使开拓新的业务成为可能。

股票的价格即行情，根据我们今天

◀这幅当代油画描绘的是17世纪早期，荷兰东印度公司的船队满载香料和其他贵重商品，从东方返回阿姆斯特丹港口的场景。

的观点，上下波动是很厉害的。在1604年，当公司的第一批商船开往印度洋时，股票的价格就比票面上涨了1/3。在最高峰时期，即东印度公司成立100周年时，它的股票上升了1000倍。

这样天文数字的利润，促使荷兰人开始用其他物品进行投机。其中最怪异的投机生意，就是用看来完全普通的东西——郁金香根茎进行投机。郁金香原本生长在中东地区，一个荷兰自然科学家于1554年在土耳其发现了它。它的花朵有点像东方人的缠头，所以它的名字里面就包含着古土耳其语缠头(Tulbant)的成分。郁金香开始来到欧洲时，是很昂贵的奇花，只有富裕的家庭才能于春天在自己的小花园里开辟一块郁金香花坛。当很多商人通过交易所的投机富裕起来以后，不知是谁突发异想，觉得有一天对郁金香的需求也会活跃起来，因此很值得买进一批郁金香根茎。1634年，郁金香的价格开始攀升。由于大家都估计这个趋势还将继续下去，所以他们就继续买进郁金香，而价格也就不断攀升。

同股票相比，郁金香的根茎是有形的东西，所以参与投机的人不仅有贵族和商人，而且也有农民、手艺人、仆人和女佣。在各个小酒馆里都出现了郁金香交易活动，律师和文书负责处理交易事宜，整个民族都梦想着不费什么力气就发起财来。郁金香投机生意最高潮时，一个“总督”品种的根茎价格高达2500荷兰盾。根据当时的报道，这相当于2车燕麦、4头肉牛、4头肉猪、12只绵羊、4桶啤酒、2桶葡萄酒、1000磅奶酪、1张床、1只银杯或1套西服的价格。

这种疯狂持续了3年。后来到了1637年，有一天，一个投机者突然觉得无法取得他所期望的价格。他陷入了惶恐之中，于是把手中的货物以他还能够得到的最好价格全部抛出。这时人们突然想到，郁金香根茎除了可以种在花园里之外，其实并无其他用途。到处一片惊慌，大家都想出手，但却没有人再想买进，价格跌到最低。

历史上所有大的投机生意都有这样类似的过程。开始时是个好的主意，然后就是狂热，接着就是疯狂，每个人都以为必须参加这项大买卖，最后，是惊慌失措，投机的泡沫彻底破灭。郁金香根茎时代的投机失败被人们铭记着，而投机的狂热也被人们无意识地延续着。

第二章

古典经济学

——17世纪中叶～18世纪末

布阿吉尔贝尔

——土地是“一切财富的源泉”

▼布阿吉尔贝尔认为农业是社会发展与进步的基础，图为16世纪农民正在从事“七月晒干草”这一年中最重要的农活。

到了17世纪中叶，经济学日臻发展，进入古典经济学发展时期。古典经济学开始于重农学派，集大成于英国经济学大师亚当·斯密。而重农学派的先驱则是布阿吉尔贝尔。

皮埃尔·布阿吉尔贝尔(1646～1714)出生在法国北部诺曼底省的卢昂。从1690年起，他担任卢昂地方议会法官。在他当法官期间，曾审理过无数件与农民有关的案件，因而对法国农民和农村的经济状况了解较为深刻，产生了可贵的农村情结，使他在办案过程中能够坚决地为农民的利益辩护。

从布阿吉尔贝尔的主要著作来看，人们也不难发现他的经济著

▲法国画家路易·勒南与他的弟弟们画了许多描绘农民生活的场景，像《农民家庭》这类作品，让人们深刻了解到17世纪欧洲乡村劳动者的生活状况。

作都是针对当时法国尤其是农村存在的问题写成的。如《法国详情》、《谷物论》、《论财富、货币和赋税的性质》等。例如，他在《法国详情》一书中，着重论述了法国国民财富减少的情况及其原因和复兴国民财富的方案。同时，他在说明法国当时的经济问题时，也论述了经济学的某些重要问题，对资本主义的经济规律作了初步的探讨。他极力主张发展农业来促进其他行业的生产，反映了法国资本主义发展的要求，代表了法国产业资产阶级的利益。他重视农业，把研究的重心放到农业生产领域，把理论研究从流通转入生产领域。其中，关于财富来源的学说对后世产生了较大影响。

名人点评

虽然身为路易十四的法官，却热情又勇敢地替被压迫阶级声辩。

——马克思

关于财富的来源，布阿吉尔贝尔认为社会财富是农业生产出来的农产品及其他必需品，财富来源于农业生产。他说：“只有衣食等物品，才应当称为财富。”他认为：一国之国力和财富的基础不是城市居民，而是健康的农村居民，国家财富与土地的肥沃程度、自然气候的好坏成正比，要使国家强大必须使土地能够生产出更丰富的物资。

布阿吉尔贝尔还论述了农业在国民经济中的重要作用。他说："在古代，农业曾经是最高尚的职业，从事农业需要一种卓越的才能，这种才能是由长期的实践和很认真的研究相结合所构成的。"耕种者的繁荣昌盛是一切其他等级财富的必要基础。法国有200多种职业，它们的诞生都来源于土地的生产物，如果土地变成了不毛之地，这200多种职业会有170种以上被消灭，各行业人民的生活也会发生困难。任何国家，必须是农业产品增加了，才能养活律师、医生、演员和各行各业的工作者。

布阿吉尔贝尔在论述土地是一切财富的来源的同时，还对社会生产各部门内在联系进行了揭示，提出了各产业部门之间保持"经济协调"的思想。他认为，社会生产是一个有机的整体，社会生产各部门是相互依存、相互制约的，其中任何一个部门都不能脱离其他部门而独立存在和发展。所以社会生产各部门间需保持适当比例，不可失调。"因为没有一种行业的失调能够同时将它的不幸立刻地或逐渐地反映到其他一切行业上去"，为了维持经济协调，就决不应该使某一部分的发展超过其他的部分。这就是说，必须使一切贸易往来均衡发展、每个人都能从中得到好处，各得其所。正因为社会生产各部门是相互联系和相互制约的，所以它们的共同繁荣是国家共同繁荣和富裕的重要条件。

知识点击

重农学派是18世纪50～70年代的法国资产阶级古典政治经济学学派，它以自然秩序为最高信条，视农业为财富的唯一来源，是社会一切权利的基础；认为保障财产权利、个人经济自由是社会繁荣的必要因素。重农主义体系实际上是第一个对资本主义生产进行分析，却又是对封建制度、土地产权统治的资产阶级翻版。

布阿吉尔贝尔关于"经济协调"发展的思想，为当代西方许多经济学家所继承，并发展为"平衡增长论"。

“经济表”

——魁奈的经济循环系统

如果说布阿吉尔贝尔是重农学派的先驱，那么，魁奈则是重农学派的领袖。

◀弗朗索瓦·魁奈像

弗朗索瓦·魁奈(1694～1774)，出身于巴黎附近一个地主兼律师的家庭，由于兄弟姐妹多，他少年时未能受到良好的教育。13岁时丧父，16岁时外出谋生和学医，后回乡做外科医生，声誉日隆。1749年被任命为宫廷御医，1752年魁奈因治愈王子的疾病被封为贵族。

在凡尔赛宫廷中，魁奈接触到一种崭新的和诱人的观察世界的方法，即启蒙运动。在启蒙运动者看来，大自然犹如一部机器，人们完全可以用理智的方法去利用它。启蒙运动对教会的原则提出了挑战，同样对国王的政策也提出了质疑。越来越多的人不再任人摆布自己的思想，而是用自己的头脑思考问题。

在启蒙运动的影响下，魁奈试图证明经济中各个集团之间的关系，就像行星的运行那样有自己的规律，就像是钟表的运行和人类的血液循环。他提出了关于经济关系的法则。他把这个法则称为《经济表》。魁奈把经济设想为一个循环系统：就像血液一样，从心脏流入身体各个部分，然后再流回来。在经济中，商品和货币的河流往来循环，就像在大自然中一样，一切都是有规律的，关键是不能干扰这种循环。

魁奈考察了当时他选择的三个阶级在这个循环中的作用。首先是土地所有者阶级——国王、教会和贵族；其次是“不生产阶级”——手艺人和工场工人；再次是生产阶级——耕种地主土地的佃农。根据魁奈的观点，经济的循环是这样进行的：生产阶级在一

▲17世纪农民自由交易图，魁奈主张农民参与市场交易，认为这样有利于整个国家经济的发展。

年中为整个社会生产食品，他们留下一部分食品维持自己的生活。剩余部分一是用于从“不生产阶级”那里换取他们需要的产品；二是一律上缴给土地所有者阶级，土地所有者阶级一方面是这些食品的消费者，另一方面又用它来交换手工工厂生产的东西用于消费。

魁奈的功绩主要是关于经济可以产生剩余价值的观点，也就是说，产品比投入具有更大的价值。这种净产值按照魁奈的观点完全来自农民，所以他称农民为“生产阶级”。手艺人虽然也生产有用的物品，但他们是依赖农民的净产值而生存的，所以，他称手艺人为“不生产阶级”。这种关于“生产阶级”和“不生产阶级”的令人吃惊的划分，只有想到魁奈是生活在国王的宫廷中，而他的读者都是土地占有者，我们才能理解。他们的生活完全依靠农民提供的粮食。魁奈所说的净产值，实际上只不过是大地主们的收入，从这方面讲魁奈的分析是受到时代限制的。他本人就是一个大地主，财产高达11.8万镑。

尽管如此，这位经济学家还是替国王的经济政策提出了有远见的建议：他要求向农民征收统一的、适量的捐税，以防止破坏了他们的生产力。另外，他要求自由买卖粮食，希望粮食的价格会因此而提高，使农民的净产值继续增加，地主也可以获得更高的收益。

总之，魁奈在《经济表》中，试图说明社会总资本的再生产和流通过程，形成了他的社会资本再生产学说。这是魁奈在经济学史上最杰出的贡献。

推荐读本

20世纪，在俄国出生的美国经济学家瓦西里·里昂惕夫(1906～1999)曾以魁奈为榜样，创作了《投入—产出经济表》这一经济巨著，并为此而获得诺贝尔奖。这个循环图表，后来进一步演变成为国民收入和生产核算表。用这个图表不仅可以计算出经济发展的速度，还可以计算出一个国家的国民的整体经济实际到底是多大价值，即国民生产总值或国内生产总值。

亚当·斯密
——开山之作《国富论》

斯密是英国古典政治经济学的建立者。亚当·斯密(1723～1790),出生在苏格兰的一个小城科柯迪,他的父亲是一个海关职员。斯密在科柯迪接受中等教育以后,14岁就考入格拉斯哥大学。由于学习成绩优良,17岁时被送往牛津大学学习。毕业后,于1748年接受了爱丁堡大学聘请,讲授修辞学和文学。1751年他转到格拉斯哥大学任教,后又兼任格拉斯哥大学教务长和副校长职务,1787年担任格拉斯哥大学校长,直到1790年7月17日病逝。

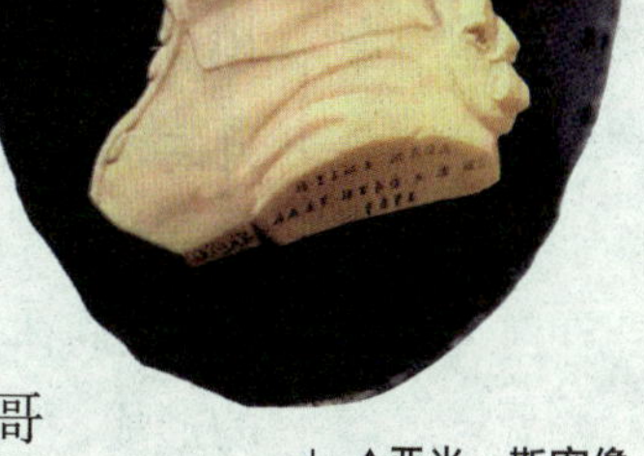
▲亚当·斯密像

他的学说形成于18世纪下半期英国工业革命即将开始的时期。而斯密从事教学的大学所在地——格拉斯哥又是当时苏格兰的工业中心,制铁工业和纺织工业都很发达,这使斯密有可能实地观察工业工区的经济生活,为他进行写作提供了依据。所以,他在《国富论》中,以生产大头针为例论述了分工和专业化对提高劳动生产的作用。他说,一名未经训练的工匠,即使是很勤奋,每天最多能生产一枚大头针。而一个只有十个工匠的手工工场,却在同一个时间内生产了48000枚大头针,也就是每个工匠生产了4800枚。在工场里,大头针生产不仅成了一个专门的行业,而且生产劳动也进行了更细致的分工:一个工匠拉出铁丝,另一个工匠把它弄直,第三个工匠把它剪断,第四个把它磨尖,第五个把另一头磨平,以便可以安装圆头,而生产圆头也有两至三道工序。这种分工和专业化可以大大提高每一个工匠的效率。上述例子表明,工人的劳动生产率比过去提高了4800倍。

1764年,他辞去教授职务,担任年青的布克莱希公爵的私人教师,陪同公爵去法国旅行。他在巴黎居住了很长时间,结识了许

名人点评

《国富论》最本质的东西是：认为资本主义生产方式是最生产的。

斯密认识到了剩余价值的真正起源。

——马克思

多知名学者，如伏尔泰、魁奈等。重农学派的学说对斯密经济学说的形成有很大的影响。在旅居巴黎期间，他已开始着手《国民财富的性质和原因的研究》(以下简称《国富论》)的写作工作。1767年他返回伦敦，被选入皇家学会，更广泛地结识了当时的一些知名学者。此后，他返回到故乡，因为从布克莱希那里得到了一笔相当多的养老金，便得以专心写作他的《国富论》。用了将近10年的时间(6年写出初稿，3年修改)，于1776年完成并正式出版了《国富论》一书，并被译成几国文字，使他名扬国外。

1778年斯密还担任苏格兰海关税务司司长，定居爱丁堡。工作之余继续从事著述，特别是对《国富论》加以修订，经他自己修订的《国富论》出了五版。《国富论》以增长国民财富为中心和主线，论述了经济科学各学科的内容，包括分工、交换、货币、价值、分配、资本积累、资本再生产等理论，标志着英国古典经济学理论的形成。

"三种收入论"是斯密《国富论》中重要理论之一，并对后来

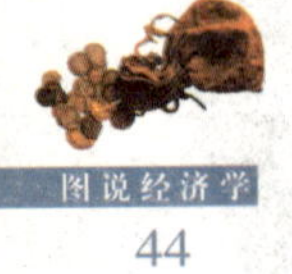

▶19世纪英国毛纺织业十分发达，这幅插图展示了英国纺织厂中妇女的生产情景。

西方经济学的发展产生了很大的影响。他认为在资本主义社会，商品价值是由三种基本收入——资本、利润和地租构成和决定的。工资、利润和地租，是一切收入和一切可交换价值的三个根本源泉。

在资本主义社会中，因为有了资本积累和土地私有，斯密发现资本家出卖商品所换回的劳动量，并不等于生产这种商品所耗费的劳动量，即除了用作支付工人工资(他认为工资就代表了劳动者在生产中所耗费的劳动量)的部分外，还包含有利润和地租，即劳动生产物不能完全归劳动者所有，而必须从中分出一部分给资本家作为利润，还要分出一部分给土地所有者作为地租。

◀18世纪60年代，工业革命开始于英国，这场空前规模的技术革命，使英国先后建成了纺织、钢铁、煤炭、机器制造和交通运输五大工业部门，到19世纪50年代取得了世界工业和贸易的垄断地位。英国经济的发展促进了整个西方经济学的发展。

在这种情况下，一般用于生产或取得任何一种商品的劳动量，就不能单独决定这种商品所应交换、支配的劳动量了。在工资之外，还应加上利润和地租，于是商品价格就有了工资、利润和地租这三个部分，这三者也就成为新条件下商品价值的三个源泉了，这三种收入共同构成和决定商品的价值。

斯密的这一观点，对后来西方经济学的发展产生了很大的影响。他的“三种收入论”后来发展成为生产费用论，在经济学上被称为“斯密的教条”。“斯密的教条”实质在于把商品价格全部地归结为各种收入，从而忽略掉了不变资本的客观存在。这也是他后来不能提出一个再生产理论的重要原因。

经济自由主义是斯密《国富论》中的又一个重要理论。斯密学识渊博，但性格孤僻。他也从未结婚成家。他在爱丁堡和母亲生活在一起，可以说是相当悠闲，甚至是相当无聊。总之，他的生活无法和魁奈的豪华宫廷生活相比。斯密主张：绝对不需要国家为经济制定计划。他认为只要每个人能够追求自己的利益，而国家又不干预这种追求，那么经济就已经进入了有序运行的轨道。

在《国富论》一书中，斯密阐述了这样一种思想：人总要依靠别人的支持，单独一个人根本无法生活。但一般情况下，他如果单纯期待别人发善心，那是得不到这种帮助的。如果他善于把他人的自爱为自己所用。这个目标他可能会更容易达到，办法是要告诉别人，如果按照他的愿望行事，实际也符合他们自己的利益的。每一个想要同别人进行交换的人，应该建议：给予我所需要的东西，你将得到你所需要的东西。我们享受的每一顿晚餐，并不是由于屠夫、农民、面包师发了善心，而是他们出于对自身利益的考虑。我们并没有启发他们的仁爱之心，而是启发了他们的自爱之心，我们并没有提及自己的需求，而是谈到了他们的利益。期待别人发善心的，只有乞丐。

基于上述看法，在经济政策上斯密特别强调自由放任，这表现在他提出的“看不见的手”的理论上。他认为在“一切都听其自由”的社会里，人们受一只“看不见的手”的指引。根据斯密的观点，国家应该尽可能置身于经济之外。因为，最知道自身利益是什么的，终归是每个国民自己，而不是国王和他的官员。斯密特别主张贸易自由的原则，也就是自由进出口商品。他反对关税，并认为外国的粮食应该不上关税不受阻碍地进入英国。斯密反对用关税限制产品进口，而鼓励原料进口的重商主义政策。通过这样的政策，英国的消费者就面临价格昂贵的产品。斯密认为，消费者才是关键的环节。19世纪，很多欧洲国家的政治家们开始接受了这个理论。这个理论至今仍是自由贸易政策的

推荐读本

杜尔哥1766年写的《关于财富的形成和分配的考察》一书集中研究了财富问题，着重考察了财富的形成和收入的分配问题。同时，杜尔哥把社会阶级划分为农业工人、农业资本家、工业工人、工业资本家和所有者阶级，这样就比较真实地反映资本主义的阶级关系，重农学派在杜尔哥那里发展到了一个高潮，也使亚当·斯密想到了许多他本来永不会想到的问题。

理论基础。

《国富论》出版后，立即受到社会的重视，不仅经济学界极为重视，连当时英国的国会也奉为圭臬，议员们往往以在国会辩论中能引证这本书的内容为荣。而且一经引证，反对者也多不再反驳。足见此书在当时的权威性。英国的工业资本家和商人还组织了“曼彻斯特学派”来推行斯密的见解。英国18世纪末和19世纪初的首相威廉·皮特，不但自称是斯密的学生，而且还是斯密的信徒。在他执政时期，尽力把斯密的学说应用到英国的政治、经济、财政政策中。例如，鼓吹劳动分工，提倡自由贸易，实行累进税制，降低关税，消除一切商业中的障碍等，无一不是出自斯密的教义。这对于促进当时资本主义生产力的发展起了巨大作用。斯密也因此而成为当时英国最有影响力的经济学家，享有盛名。

资本主义造就的对立

——最富有的和最贫穷的

资本主义的发展促进了古典经济学的产生，而古典经济学理论又推动了资本主义经济的发展。到了19世纪初，新兴的工业城市便吸引了各地很多有抱负的年轻人。他们从英国，从爱尔兰和欧洲大陆的落后地区来到新兴工业城市。在这些寻找幸运的人当中，有一个来自法兰克福的年轻人，于1800年抵达曼彻斯特，当时一句英语都不会说。但在很短的时间内，他就成了英国最富有和最有影响的人物之一。他就是最有成就的投机商——内森·罗特希尔德。

这个成功的故事是在法兰克福犹太人胡同里开始的。当时在法兰克福的犹太人像欧洲很多其他城市中一样，都只能在狭窄的特殊城区中生活。他们在夜里和基督教的节日里不得离开这个区域，也不许随意结婚，而且要向城市缴纳“保护费”。内森的父亲迈尔·

阿姆谢尔·罗特希尔德在一个杂货商的家庭中长大，店铺的标志是挂在门上的一面红色的盾牌。不知从什么时候开始，人们就只把这个家庭叫做“红盾”了(罗特希尔德在德文中是红盾的意思)。迈尔·阿姆谢尔本来想当一名犹太教拉比，但在他父亲去世后，这个年轻人却在汉诺威犹太奥本海姆银行获得了一个职务，开始学习银行业务，而且进入了上层社会，结识了一名黑森将军。这位将军又把他引进到黑森宫廷见到了威廉亲王。

由于他下得一手好象棋，且掌握很多有关钱币的知识，所以亲王喜欢他，便把他留在亲王处供职，并获得“黑森哈瑙公国宫廷参事”的头衔。

从1785年开始，亲王作为封疆伯爵统治黑森。亲王统治黑森后，便通过向其他国家出租本国男子去参加战争的卑劣手段得来一大笔钱，然后再把一部分钱借给其他不太富裕的君主收取利息。当时的英国国王就是他的债户。他把管理这些财产的事务交给了迈尔·阿姆谢尔。

▲19世纪中叶的自由贸易理论对各资本主义国家经济发展起到了十分重要的作用。

1789年，法国大革命取得了胜利，法国国王的权力先是受到了限制，然后革命者把他推翻，并砍掉了他的脑袋。欧洲的其他君主们想方设法避免同样的命运。他们便联合起来向革命的法国开战，以便恢复原来的君主制度。威廉亲王加入普鲁士和奥地利反革命势力的行列，于1792年派出了12000名士兵参战。但威廉亲王和旧欧洲的其他君主一样打错了算盘，面对法兰西共和国的人民军队，他们的军饷极少的附庸军根本就无力抵抗。法国军队占领了法兰克福和整个黑森地区；法国统帅拿破仑解除了威廉的职务。封疆伯爵失去了自己的统治逃亡布拉格，但他的财产却还留在法兰克福犹太胡同的罗特希尔德家中。迈尔·阿姆谢尔偷偷把钱币和债券运往同样和法国对立的英国。

这时，他的儿子——内森·罗特希尔德在英国已经成了一名著名的商人。内森用威廉亲王的钱进行了收益丰厚的投资。拿破仑战败后，又把这笔钱连同利息和利息的利息交还给威廉亲王。这对已经十分富有的罗特希尔德家族来说，显然是一个最好的宣传。除了在英国的内森，还在巴黎建立了分号詹姆斯，在那不勒斯的卡尔，以及在维也纳的萨洛蒙。到1812年迈尔·阿姆谢尔在法兰克福去世时，家族的产业已经遍布全球。

但内森最大的行动还没有开始。尽管他来到英国的时间并不太长，而这位年轻的银行家却早就是Royal Exchange（即伦敦交易所）的常客，并在交易所里有他自己固定的席位。那时，拿破仑曾

◀法国大革命取得了成功，人们在革命广场上烧毁了旧制的象征物。法国大革命对欧洲各国封建统治产生了巨大影响，为资产阶级的进一步发展扫清了道路。

占领了整个欧洲大陆，甚至向莫斯科进军，但在那里遭到了灾难性的失败，最后终于败在欧洲联军手中，被放逐到地中海的厄尔巴岛上。但被推翻的法国皇帝却不甘心自己的失败，又征集一支军队，于1815年胜利地重返巴黎。盟国再次建立联军攻打拿破仑。1815年6月18日，拿破仑和联军在比利时的滑铁卢进行决战。这场决战的结果当时还无人敢于预测。在相当长的时间里，拿破仑似乎有可能战胜英国将军惠灵顿。但几乎在最后一刻，普鲁士将军布吕歇尔率领他的军队拯救了联军阵营。拿破仑遭到了彻底的失败。

知识点击

破坏机器运动最早发生在英国，称为“卢德运动”。在工厂里，工人变成了机器的附属品，跟着机器运转，失去了劳动上的主动性、创造性，十分不利于工人身心健康。工人极为贫穷，过着饥寒交迫的生活，被迫起来斗争。工业革命后，工人阶级的斗争采取了破坏机器的斗争方式，这就是所说的破坏机器运动。

英国国王的处境，尤其是财政处境一下子得到了改善。谁要是事先知道这个结果，谁就能够利用他的情报赚一大笔钱。因为，谁要是知道英国国王仍然有支付能力，那么英国国债的行情就会猛涨。而当时它的价格始终压得很低，根据投机商的预测，英国国家银行面临破产的危险。

1815年时，既没有电话，也没有传真和电传。如何才能尽快得到信息呢?内森给在英吉利海峡行驶航船的船长很多钱，让他们尽快传回战场的消息。据说，当时在罗特希尔德手下的一位罗思沃思先生，及时买下了第一份刊登滑铁卢战况的荷兰报纸《Gazette》，从奥斯坦德直接送往伦敦，交到了罗特希尔德手中。那还是在战役结束后的早上，比英国将军的信使把胜利的消息带给政府早到好几个小时。罗特希尔德首先把这个消息告诉了政府——因为他是一个守法的公民。然后来到他在伦敦交易所的固定席位上开始抛售债券。所有其他投机者由此得出结论：如果罗特希尔德抛售，那就说明联军遭到了失败。大家都跟着开始抛售，再也不顾价格的高低。

但他们却不知道：很多用越来越低的价格买进债券的人，都是罗特希尔德派出的代理人。到了第二天，大家得到了联军胜利的消息，但也得知了罗特希尔德在头一天用低价买进的债券获得了巨大的利润。内森·罗特希尔德因此载入了史册，成了有史以来最有成就的投机商。

在1800年左右迁居工业城市的人们当中，内森·罗特希尔德是一个最有成就的投机商——资本家。但大部分人却成了无产者——工人。因为这些人去工业城市的时候都是没有受过教育的穷人，而且他们的孩子也长期保持了这种状态。作为资本主义条件下的工人，不仅是男人和女人们在棉纺、织布厂和矿山里辛苦地干活儿，而且他们的孩子也从12岁起就当童工劳动，每天的劳动时间常常是12小时，甚至是15小时。1833年，英国颁布了一部工厂法。其中规定："一般的工厂劳动日，应该从早6时至晚9时，在这个15小时的期间内，依法规定了年轻人(13至18岁)在一天中劳动的时间，即同一个人在一天中不得超过12个小时，只有在特殊的情况下例外。"

从全年劳动量看，工人的劳动时间也比过去的农民和手艺人长得多。而工资却非常低，几乎不够维持家庭生活，起码不够维持符合人类尊严的生活。在工业城市的周边，首先是在英国，后来在德国、比利时和法国出现了贫民区，工人和他们的家人住在木板屋和

▼这幅名为《剥削者》的壁画描绘了资产阶级对工人阶级的残酷剥削，以及工人的艰难处境。

木箱屋之中。

工厂里的工人得到的工资填不饱肚子，却必须每天劳动15个小时之久。经济学家托马斯·马尔图斯(1766～1834)提出了一个“钢铁工资法则”，即工人只能得到可以维持最低生活的工资。他们的收入如果多了，那他们立即就会减少劳动，或者不断繁殖后代，直到工人的人数增多出现了竞争，又得把工资压到最低限度。这个理论很快就被证明是错误的，但工人的苦难状况，却在几十年中没有多大的改变。

工人们寻找改善自己恶劣处境的手段。1802年伦敦发生了一次罢工，要求提高工资，罢工没有取得成功。然后就出现了“破坏机器”运动，绝望的工人砸坏了织机，因为他们认为机器应对他们的苦难承担责任。1818年，伦敦成立了第一个工人教育协会。创建者认为只有工人的教育水平提高，他们的处境才能得到改善。

这样一些斗争逐渐发展成为工人运动，逐渐成功地改变了工业地区恶劣的条件。1849年，英国矿工创立了维护自己共同利益的组织——工会。而要彻底解决这些问题，就必须建立社会主义社会。

第三章

政治经济学

——19 世纪初～70 年代

威廉·配第

——“政治经济学之父”

▶威廉·配第像

英国经济学家威廉·配第，曾被人们比作政治经济学领域里的哥伦布。

威廉·配第(1623～1687)出身于一个小手工业者家庭，只受过2年的早期教育，14岁时就外出谋生，在商船当见习水手。后来在一次航海事故中折断了腿，被抛弃在法国的南海岸城市戛纳。在这里他申请进了一所耶稣会学校学习拉丁文、希腊文、法文、数学和天文学等，这对他后来从事经济学的研究产生了重要的影响。

1652年开始他成为英国驻爱尔兰总督——亨利·克伦威尔的随从医生，后来被委派为爱尔兰土地分配总监，负责把从爱尔兰没收的土地分配给有功的军官、士兵和资助征伐爱尔兰的商人。他自己也因此而获得了大约5万英亩的土地，成为当时的大土地所有者。由于与克伦威尔的关系，他还被选为议员。在英国封建势力复辟时期，他又投靠国王查理二世，获得了男爵头衔，并取得大量被赐予的土地。配第晚年，已成为一个拥有27万英亩土地和几家手工场(鱼场、冶铁、铅矿等企业)的资产阶级新贵族。

这样的经历和地位，使他很注意研究经济问题。截至1851年底，他共发表了34部著作，其中12部是在配第死后出版的。其中主要经济学著作有《赋税论》、《政治算术》等，他的这些著作并不曾有意识地提出一套完整的经济理论体系，都是为了说明或解决当时某一迫切问题而零星地提出来的。但是他的许多独到的天才思

名人点评

"现代政治经济学的创造者"和"最有天才的和最有创见的经济学家"，是"政治经济学之父"。

——马克思

配第在政治经济学领域中所作的最初的勇敢尝试，都一一为他的英国后继者所接受，并且作了进一步的研究。

——恩格斯

想，却使得这些零星思想彼此之间具有其内部的联系而构成一个理论体系，为英国古典经济学奠定了基础。

配第对经济学的巨大历史功绩之一，就在于他第一次系统地讨论了经济学的方法论问题，并由这一方法出发，试图探讨社会经济发展的客观规律，认识经济现象的本质，由此把经济学从其他科学中独立出来。

配第在方法论方面深受培根和霍布斯的影响。他和培根一样，追求进步思想，认为知识的目的在于能解决实际问题，不能空谈。他和霍布斯一样，都想运用哈维于1616年发现的血液循环学说来剖析国家大事。同时他认为社会发展有其客观的自然规律，并把探讨这种客观规律作为自己经济研究的目的。为了达到这个目的，他采用自然科学的方法，应用数字、重量、尺度来表达自己想说的问题，并据以探讨现象和规律的关系。如在《爱尔兰政治解剖》中，他把要分析的英国资产阶级社会比作"政治动物"，并且运用他所说的"政治算术"(即数学和统计学的方法)对其进行解剖。配第在自己的经济分析中，广泛地运用了这一方法。如，他从1蒲式耳谷物和1盎司白银的对比中，发现了两者存在着共同的地方，即两者都耗费了人类劳动，由此得出了劳动是权衡比较一切价值的基础这一结论，开创了劳动价值理论的道路，也就

▼配第认为人类劳动是一切财富的源泉，而当时作为农业洲的欧洲，正是占人口绝大多数的农民创造了巨大的财富。

是在数量的对比中，发现了各种不同物品之间的共同性，从而发现了财富的真实基础。

配第在经济分析中所广泛采用的政治算术的方法也就是从个别到一般的归纳方法，即通过对大量的感性材料和经验事实的数据考察和比较，从许许多多的个别事实中得出一般结论。这实际上是科学抽象方法的初步运用。配第也就是通过这种方法，探讨了隐藏在纷繁复杂的资本主义现象背后的真实东西，使他在一定程度上触及了资本主义生产关系的内部联系，为古典经济学的建立和发展奠定了初步的基础。

萨伊

——“阐述财富的科学”

▶ 让·巴蒂斯特·萨伊像

萨伊的特点之一是明确提出政治经济学是“阐述财富的科学”。

让·巴蒂斯特·萨伊(1767~1832)出生在法国里昂一个新教徒的大商人家庭，早年经营商业，后去英国接受商业教育。1789年法国革命爆发后，他投入革命，并积极参加军队与保皇军作战。当雅格宾上台后，他又脱离革命，反对雅格宾派政权，回到巴黎后担任《哲学、文艺和政治旬刊》的主编。他在这个刊物上发表了许多经济理论，并博得拿破仑的赏识，被委任为财政委员会法案评议委员。但由于反对拿破仑的保护关税政策而被解职，后来他主要从事政治经济学的研究和教学。

他的代表作是1803年发表的《政治经济学概论》(以下简称《概论》)。他的《概论》一书，除绪论外，分为财富的生产、财富的分配和财富的消费3篇42章。他在《概论》一书中将斯密的经济理论条理化和系统化，以简单概括的方式把它介绍到了法国和其他欧洲各国。《概论》被译成多种文字，在资本主义国家中广泛流传。萨伊因此也被誉为“科学王子”、亚当·斯密的“伟大继承者”和欧洲大陆的政治经济学权威。他提出的政治经济学研究对象、三分法、效用价值论、生产三要素、三位一体分配论和销售论等，对以后西方经济学的发展有着深远影响，并为后来的经济学家所继承。

萨伊认为政治经济学是研究社会财富生产、分配和消费的科学。为了解决资本主义生产所面临的困境，即商品的实现问题，萨伊在《概论》中，用专门一章来论述商品购买力的源泉和开拓商品的销路问题，并据此提出了一系列政策主张，形成了一整套的销售理论。其中，产品是以产品来购买的，货币只不过是交换的媒介；“生产给产品创造需求”的原理被奉为“萨伊定理”。

萨伊认为，每个人所需要的只是货物而不是货币，出卖产品的人所需要的是别人的产品。因为他出卖产品后必然购买产品。货币只不过是交换的媒介而已，产品实际上是用产品来购买的。“在产品换钱、钱换产品的两道交换过程中，货币只一瞬间起作用。当交易最后结束时，我们发觉交易总是以一种货物交换另一种货物。”所以卖必引起买，卖主必然变成买主，卖与买是平衡的，供求是一致的，普遍生产过剩是不可能的。某种产品销路呆滞决不是因为缺

◀法国大革命为资产阶级的发展扫清了阻碍。图为法国大革命期间人民攻占巴士底狱。

少货币，而是因为缺少其他产品。如果其他产品存在，我们不怕得不到充分数量的货币用于这些价值的流转和互换。

关于“生产给产品创造需求”萨伊解释说：“一种产品一经产出，从那一时刻起就给价值与它相等的其他产品开辟了销路。”因为生产者在完成他的产品之后，总是急于出卖，以免产品在他手中丧失价值，而他出卖产品得到货币之后，也总是急于购买别的产品，以免货币价值在他手中减少。所以，单单一种产品的生产就给其他产品开辟了销路。所以，丰收不仅对农民有利，而且对一切产业都有利，一个部门的兴旺，有利于各个部门产品的销售，生产愈发达产品就愈畅销。

萨伊的关于生产创造需求，产品是以产品购买的原理曾成为古典经济学家普遍信奉的教条，被奉为“萨伊定理”，誉之为是“巨大贡献”，并成为现代西方经济学中供应学派的理论先导。他认为政治经济学的目的和任务是提示财富的由来和方法，使国家获得良好经济利益。所以，政治经济学要教导国家、政府和臣民“熟悉国家繁荣所根据的原则”，以防止“人民铤而走险”。

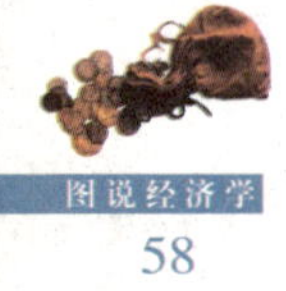

在政治经济学研究的方法上，他认为政治经济学应以发生着的事实为基础，运用“哲理推究”的方法来研究经济事物的因果联系。根据那些经过仔细观察的事实，告诉我们财富的本质。在此基础上，他提出了政治经济学研究的“三分法”，即把政治经济学研究

▶18 世纪在巴黎举行的财政会议，其主要职能是监督法国的财政收入与支出。

▲法国18～19世纪繁荣的贸易图

的内容分为生产(包括交换)、分配和消费三个部分。萨伊的“三分法”大体上规范了西方经济学研究的范围，为其后西方经济学的内容划分和体系构建奠定了基础。

李嘉图

——政治经济学的实践者

李嘉图是英国古典经济学的伟大继承者，也是政治经济学的实践者。他以维护英国新兴资产阶级利益的坚定态度和立场，以其经济自由主义的政策主张，树立了他在经济学史上的形象。马克思认为，李嘉图是英国古典政治经济学的“完成者”。

大卫·李嘉图(1772～1823)出生于伦敦犹太人的交易所经纪人

▲李嘉图像

家庭，14岁时就随其父从事交易所活动，25岁时就成为拥有200万英镑资产的大资产者，成为英国金融界的巨富之一。从此开始了他的学习和科学研究。他研究过数学、化学、物理、矿物学、地质学等，是英国地质学会的创始人之一，同时也喜欢文学和哲学。

1799年，李嘉图由于读了《国富论》而对政治经济学发生了兴趣，从此开始了政治经济学的研究。李嘉图在政治经济学方面，最先研究的是货币流通问题。在18世纪末和19世纪初，英国政府依靠英格兰银行发行银行券来弥补大量的军费开支。1797年英格兰银行停止了银行券对黄金的兑换，遂引起了银行券贬值、金价上涨的混乱现象。由此引起了政府内外的政治斗争和理论斗争，李嘉图也积极参加了这场激烈的争论。他于1809年8月29日在《晨报》上发表了他第一篇研究经济问题的文章，即《黄金的价格》一文。他在这篇文章中尖锐批评了英格兰银行的政策，主张英格兰银行应从流通中逐步收回两三百万英镑的银行券，借以恢复黄金的法定价格和商品的正常价格。在此奠定了他货币数量说的基础。顿时，他被誉为货币流通的最大理论家，开始博得大家的尊重，并被邀请参加国会所任命的专门委员会的工作，特别被邀请到金块委员会去工作，该委员会的决议中就接收了他的第一篇文章中所提出的论点。1819年李嘉图入选议会下院，继续致力于鼓吹议会改革，反对谷物法、提倡自由贸易，反对宗教专制。

1817年4月，李嘉图发表了《政治经济学及赋税原理》一书，使李嘉图一下就坐上了经济学界的第一把交椅，并且成了英国古典经济学的完成者，成为当时著名的经济学家。该书反响强烈，供不应求。甚至有的贵妇人在聘请家庭教师时提出的条件之一，是要求应聘者能给其子女讲授李嘉图的学说。

该书的基本思想是论证在以经济自由为基本原则的资本主义制度下，在大工业的基础上，通过国民收入的合理分配和再分配，发展对外贸易，使利润、资本积累不断增长，从而使社会生产力和国民财富得到迅速地、无限地增长。

劳动价值理论是李嘉图全部经济学说的基础和出发点。李嘉图

继承和发展了亚当·斯密的耗费劳动决定商品价值的理论，始终坚持生产中耗费的劳动决定价值的原理，并运用这一原理来考察资本主义的一切经济范畴和规律。这是他对劳动价值论和政治经济学的最重要的发展。

李嘉图认为商品价值取决于生产它所必要的劳动量。这是李嘉图劳动价值论的核心观点。李嘉图首先研究了使用价值与交换价值的区分，比斯密更恰当地分析了两者的关系，认识到了使用价值是交换价值的物质前提。

李嘉图认为效用对交换价值是绝不可缺少的，全然无用的东西不会有交换价值。因为，绝大多数商品的价值取决于生产它们所耗费的劳动量。他研究的正是这一类，即在交换总额中占绝大部分，生产可以不受限制地进行竞争的商品。

李嘉图批判了斯密购买劳动决定价值的理论，认为购买劳动不能决定商品价值，只有耗费劳动才能决定商品价值。同时他也批判了斯密以三种收入决定价值的观点，认为无论在初期野蛮社会，还是在资本主义社会，商品价值都是由生产该商品所耗费的必要劳动时间决定

▼**英制单位**
1824年，英国政府为了方便贸易统一了计量单位。

◀自由贸易的迅速发展为伦敦这座城市带来了大量的财富，这幅由英国画家威廉·马洛所作的画描绘了伦敦桥附近繁忙的码头。

的。商品价值的决定和商品价值的分配是两回事，不能混为一谈。一种商品生产出来以后，它的价值可以在不同社会成员中进行分配，但这种分配不会影响商品价值的决定，其分配的数额以该商品的价值量为限。他说："在这种的情况下，为这一或那一行业提供相等价值的资本的人可能在所得产品中获取1/2、1/4或1/8，而把其余的部分作为工资付给那些提供劳动的人。但这种分割不能影响这些商品的相对价值。"

李嘉图还论述了劳动时间决定价值的原理不因劳动的性质不同、报酬不同而受到影响。他接受了斯密把复杂劳动还原为简单劳动的观点，论述了异质劳动怎样成为价值尺度的问题。

李嘉图认为直接劳动和间接劳动共同决定商品价值。他说："影响商品价值的不仅是直接投在商品上的劳动，而且还有投在协助这种劳动的器具、工具和工场建筑上的劳动。"比如打猎，"这种野物的价值不仅要由捕猎所需的时间和劳动决定，而且也要由制备那些协助猎人进行捕猎工作的资本(武器)所需的时间和劳动决定。"他认

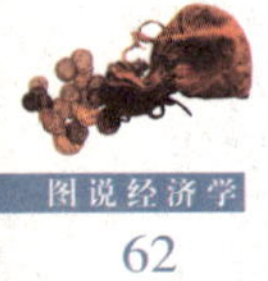

延伸阅读

李嘉图的推论

在确立了自己的劳动价值原理以后，李嘉图进而作出了几点推论。这些推论是：

商品价值会因劳动生产率的提高而降低；

劳动使用的节约会使商品相对价值下降；

同量劳动必然获得等量价值，如果在这个等量劳动之内，所使用的直接劳动和资本的积累劳动的比例不同，那也只会影响工资和利润之间的对比关系，而不会影响价值量的决定。

为商品价值的降低既取决于生产该商品的直接劳动的减少，也取决于转移到该商品中去的生产资料的节省。“劳动的节约必然会使商品相对价值下降，无论这种节约是发生在制造这种商品本身所需要的劳动量方面，还是发生在构造协助生产这种商品的资本所需的劳动方面。”

李嘉图论述了这两种劳动在价值形成中的不同作用。直接的活劳动创造新价值，间接的物化劳动不能创造新价值，只能转移或实现它已形成的生产资料的价值。他认为这种价值转移量，同生产资料本身价值量及其磨损度成正比，同它的耐久性成反比。假定制造捕猎海狸的武器比制造捕猎野鹿所需武器要用更多的劳动，那么一只海狸的价值自然会比野鹿多，其原因就是捕猎海狸需要更多的劳动。或者假定制造这两种武器所需的劳动量相等，但它们的耐久性极不相等，则较为耐用的工具只有一小部分价值转移到商品中去，而较不耐用的工具却有更大的一部分价值实现在它所协助生产出来的商品之中。

◀李嘉图认为使用价值是交换价值的前提，虽然修建铁路及火车的建造需要投入很多，但由于其巨大的实用性，铁路系统正在迅速扩展。图为1862年伦敦火车站拥挤的人群。

李嘉图学派的解体

——新陈葡萄酒价格之争

19世纪20～30年代，英国经济学进入狂飙时期。这一时期围绕着李嘉图的劳动价值论展开一场激烈的大论战。论战者分为两派：一派是李嘉图反对派，他们抓住李嘉图经济学说中的矛盾，力图推翻李嘉图的劳动价值论，进而推翻李嘉图学说；另一派是李嘉图学派，极力维护李嘉图学说。论战的结局导致了李嘉图学派的解体，其标志是詹姆斯·穆勒和约翰·麦克库洛赫(又译麦卡洛克)学说的出现。

李嘉图的价值理论的核心是“商品的价值……取决于生产其所必需的相对劳动量”。根据这个理论，他认为劳动的价值(工资)是一定社会中为维持工人生活并延续其后代通常所必需的生产资料决定的，而利润则决定于工资。不过，李嘉图早就意识到了价值理论的内在矛盾，他自己曾经犯过嘀咕：“我不能克服这样的困难：在地窖里贮藏了三四年的酒，或最初在劳动方面花费了也许还不到2先令，后来却值100镑。”

▶19世纪早期英国煤矿使用蒸汽机的情景。工业革命的成果促进了英国经济的发展。

李嘉图学派的反对者们正是抓住“新陈葡萄酒价格差”来抨击李嘉图学派的价格理论的。他们指出，陈葡萄酒的价格是新葡萄酒价格的n倍，而新陈葡萄酒在生产时耗费的劳动是一样的，按照李嘉图学派的价值理论，产品的价值只由生产所耗费的劳动决定，那么新陈葡萄酒的价格应该一样，这与事实相违背。所以，在新陈葡萄酒价格的论战中，李嘉图学派无法用自己的价值理论解释这个事实，作为李嘉图学派理论基石的价值理论面临严峻挑战。

詹姆斯·穆勒试图解决这一“价值悖论”。他在《政治经济原理》一书中提出，商品价值量依赖于生产该商品所花费的劳动的数量。创造价值的劳动，包括活劳动和物化劳动，两者构成了生产成本。陈葡萄酒在存放过程中需要设备，设备是劳动产物，因此设备费用相当于积蓄的劳动，自然应加入到陈葡萄酒的价格中。然而，穆勒在力图维护李嘉图的经济学说时，实际上却把李嘉图的学说庸俗化了。他偷换了劳动的概念，将物品价值论等同于劳动价值论了。这是错误的，也不符合李嘉图的原意。正如马克思指出的，“穆勒对李嘉图学说的阐述是一个相当抽象的轮廓。他力求做到的，是形式上的逻辑一贯性。因此，在他手中也就开始了李嘉图学派的解体”。

推荐读本

马尔萨斯的《人口论》把他的全部人口理论建立在两个前提上：第一，食物为人类生存所必需；第二，两性间的情欲是必然的。他从这两个前提出发，得出了有名的级数命题“人口在无所妨碍时，以几何级数率增加，生产资料只能以算术级率增加”。他提出限制人口增长的两种办法：一种叫做“预防的抑制”，即要求人们节欲和独身；另一种叫做“积极的抑制”，即通过失业、贫困、饥饿、瘟疫和战争等办法来消灭过剩人口。马尔萨斯在人类历史上较早地提出人口问题，并将人口增长与生活资料的关系明确地摆到社会面前。

麦克库洛赫起初是李嘉图学说的信奉者，后来则倒向了马尔萨斯。由于他在论战中进一步曲解了李嘉图的经济理论，促使了李嘉图学派的完全解体。

约翰·雷姆赛·麦克库洛赫(1789～1864)，他于1825年出版了《政治经济学原理》，1828年又编注出版了斯密的《国富论》、《李嘉图著作集》。在论战中，麦克库洛赫比詹姆斯·穆勒更进一步曲解了李嘉图的劳动价值论。

在解决李嘉图理论中劳动决定价值的规律同等量资本获得等量利润规律的矛盾时，麦克库洛赫采用进一步扩大创造价值的劳动的范围来与反对派论战。他认为，不仅积累劳动仍在创造新价值，而

▼这幅《春天的耕种》描绘了农民在春天劳作的场景，麦克库洛赫认为价值是由人的劳动、下等动物和自然力的活动和作用共同决定的理论显然进一步把李嘉图的理论庸俗化。

且畜类和自然力也在“劳动”，也在创造价值。

由于麦克库洛赫扩大了劳动概念，把下等动物和自然力的活动和作用也叫做“劳动”，因而也就“解决”了劳动决定价值的规律同等量资本获得等量利润规律的矛盾。这说明麦克库洛赫不仅抛弃了李嘉图关于人的劳动创造价值、而机器和自然力不能创造价值的观点，而且把穆勒关于积累劳动也创造价值的观点进一步庸俗化。

他还以此来解释新陈葡萄酒价格之争的问题。在他看来，陈葡萄酒的价值增值完全是由于自然本身的作用力在酒桶内较长时间(相对新酒的窖藏时间而言)劳动的结果。葡萄酒在地窖中存放的过程中，积累劳动和自然力仍在“劳动”和增加酒的价值。他觉得，人的劳动和机器的作用、发酵的作用，除了一个能看见，另一个看不见外，没有一点儿区别。因而陈酒所包含的总劳动量(包括窖藏时期的自然力的劳动)比新酒所包含的劳动量要大。他就是以此来解释价值决定与等量资本获得等量利润的矛盾的。麦克库洛赫对李嘉图劳动价值论的曲解，不过是萨伊三要素生产性服务理论的改头

换面。这说明他已步入了萨伊生产要素服务论的观点中去了，李嘉图的“拥护者”和反对者的理论观点实质上已经合流了。

19世纪20～30年代，政治经济学史上这场拥护李嘉图和反对李嘉图的争论，以李嘉图学派的解体而宣告结束。在争论中，李嘉图学派把李嘉图学说当做一个完美无缺的体系来维护，挖空心思地企图否认李嘉图体系中的矛盾，结果扩大了劳动范畴，歪曲了劳动与资本相交换的实质，庸俗化了李嘉图的劳动价值论。而李嘉图的反对者则抓住这两个矛盾来否定劳动价值论，最后是拥护者和反对者都抛弃了劳动价值论。从此以后，以李嘉图为代表的古典学派开始解体，丧失了自己在经济学中所占据的主导地位，而被以巴师夏、西尼尔和约翰·穆勒为代表的维护资本主义制度的经济学理论所取代。

巴师夏寓言

——服务价值论

巴师夏是19世纪中叶宣扬乐观主义劳资经济利益调和论的突出人物，也是当时欧洲大陆各国自由贸易派的主要代表。

◀弗雷德里克·巴师夏像

弗雷德里克·巴师夏(1801～1850)，出生于法国南部盛产葡萄酒地区的一个工商业资本家家庭，1825年继承了其祖父的遗产而成为一个酿酒业大资本家。法国的酿酒业同世界市场有着密切联系，势力强大，在当时的世界市场上具有明显的竞争优势，因而不怕同外国对手竞争，所以巴师夏极力主张自由贸易，并从事自由贸易的社会活动。法国1830年革命后，他积极参加社会政治活动，除宣

知识点击

乐观学派是对人类的前景抱乐观主义态度的经济学派，他们认为世界并没有面临末日，人类的历史才刚刚开始，世界在混乱骚扰之下，蕴藏着惊人的希望与前景，由于这一学派以社会生产力的发展，特别是以现代科学技术的进步为杠杆，从不同自然环境的关系去预测人类未来社会和描绘未来社会的前景，因而被人们称为“技术决定论”。

传自由贸易外还担任地方法官。1845年巴师夏移居巴黎。不久，他组织自由贸易协会，并担任该协会秘书。1848年2月革命后，他被选入国民议会。

他的代表作是1850年出版的《经济和谐》，该书的中心思想是论证资本主义是自由贸易的社会，工人和资本家都是自由贸易的平等参加者，各阶级的利益是和谐一致的。巴师夏的著作是以服务价值论为基础，以经济和谐论为中心，以论证资本主义社会是自由和谐的体系为目的的。

巴师夏的经济和谐理论是建立在他的服务价值论的基础上的。巴师夏认为，政治经济学的对象是人，即从人的欲望和满足这些欲望的角度去研究人，并且主要是研究人类的天性即欲望、努力和满足等。欲望、努力和满足就是政治经济学研究的基本内容。他认为，一个人的欲望通常不是通过自己的努力来满足，而是通过别人的努力来满足。如果你逐一检查一下自己的享受的实现，就会发现其中很少是通过你自己的努力达到的，而绝大多数是靠别人的努力实现的。而你自己的努力也通常是用于满足别人的欲望，不是经常直接满足你自己的欲望。每个人为满足别人的欲望而做出的努力，就是为别人提供一种服务，别人用另一种努力和服务来回报，这就是两种服务的交换，而价值就存在于相互服务的交换、比较评价之中。

为了捍卫他的经济和谐理论，他又鼓吹自由竞争，极力反对保护主义，对政府绝无好感。他说：“政府是一个大骗局，在政府里，人人皆以牺牲他人的利益自肥。”他认为政府通过征税权力，成为“合法抢掠者”。他认为最自由的社会亦最繁荣、进步。他指出人类有三项基本权利：第一是保障生命，第二是自由发展，第三是在不受干预的情形下发展其本能。

巴师夏晚年当选国会议员，常以一些生动活泼的寓言，间接却有效地传达他的观点，以说服他的国会同僚。

寓言一：有去无回贸盈大增

巴师夏反对贸易保护主义，对于贸易平衡的主张嗤之以鼻。他以这样一个故事来阐释他的看法：

一艘法国商船运载价值5万法郎的法国货前往新奥尔良，货主所得利润为1.7万法郎，他将本利6.7万法郎购买新奥尔良土产，运回法国销售。这种操作，在法国海关的账簿上，是出口5万法郎进口6.7万法郎，等于法国外贸出现赤字1.7万法郎。

过了一段时间，货主想再赚一笔钱，又办了一船5万法郎的法国货运去新奥尔良。谁知一出公海，就遇上了飓风，货船沉没，货主当然损失不赀。但在海关账簿上，出现了5万法郎的外贸盈余，不仅如此，法国船厂还多了一单生意，就业人数因此提高。

货船遇风沉没使外贸出现盈余，为了达到此目的，巴师夏说可将载满货物的船在港外凿沉。他开玩笑地在国会上说，飓风可遇不可求，为了外贸盈余，唯有将货船弄沉！

寓言二：鲁滨逊式的全民就业

巴师夏根据《鲁滨逊漂流记》加工了一则故事：

鲁滨逊流落孤岛，刨木造船，须先锯树取木。荒岛上没有锯，唯有用斧头代之。砍下大树之后，再慢慢削成他所需厚度的木板。做此木板，他共用15个工作天，且把他的斧头弄钝了。当然，这块木板的生产成本不轻，因为除消耗时间之外，亦有资本性(斧头)损耗。此外，这15天的粮食费用当然要计算在内。当鲁滨逊举斧欲砍之际，突然看到海浪将一块他心目中的木板送到沙滩，他的即时反应

▼农民们每个人都在努力的工作，以为每个人都是在用努力和服务来换取别人的服务，最终达到自己个体欲望的满足，这就是经济和谐。

▼《鲁滨逊漂流记》是英国小说家迪福的著名作品，介绍了鲁滨逊的生平和奇遇——独自一人在奥鲁努克大河口及附近的美洲荒岛上生活了28年。巴师夏借此故事讽刺法国政府的就业政策。

是冲下沙滩拾取木板，但回心一想："拾取此木板，只需走入沙难和耗一点点气力，但若是我以斧砍木削木，我将可工作15天，此外尚待花数小时甚至一整天的时间去磨刀，同时又得花上数天工夫去补充食物。众所周知，劳力就是财富，不劳而获(指捡拾木板)在财富创造上是消极的。"为了创造就业，为了达到开工的繁忙景象，鲁滨逊因此走下沙滩，将木板掷回大海……

寓言三：创造就业举手之劳

在《法律》里面，巴师夏竟然提到我国——以一则"中国寓言"来解释他的观点。古代中国有甲乙两座城市，它们之间由运河连贯，利用运河运货、旅行成本甚轻。当经济衰退来临时，皇帝为了振兴经济、创造就业机会，下令人民用石头将运河填平。大臣闻言，连忙进谏，但皇帝老子成竹在胸，置之不理。

运河填平之后，皇帝又下令在上面修建道路。他指出，若不修路，甲乙二城人民如何往来，货物怎能运输，物流如何顺畅？皇上真是高瞻远瞩、英明神武！于是有关部门动员数万劳工，夜以继日地修建公路，不但如此，为了商旅的方便，公路两旁还兴建了不少客栈，一支巡逻队亦组织起来。强徒出没打劫商旅无日不有，因而"纪律队伍"，法庭和监狱就非设不可了。当客栈设立后，因应旅客的需要，又在客栈附近开设了一些食物店、杂货店，服装店，理发店和鞋店等。无论官府或商界，都需增加人员，因此住宅房子一间一间地盖起来。显而易见，这种建设创造了大量就业，市面呈一片繁荣景象。但是，甲乙二城居民的生活水准却不断下降，原因很简单：①政府为了建设，增加苛捐杂税筹措资金；②交通费用及交易费用大增，令物价上升，大大加重了人民的负担，与皇帝老子的原意相违背——他的一片好心便变成"通往地狱之路"。

巴师夏擅长以轻松口吻将一些大道理化为幽默故事说出来，其感染力之深之广，远远在一本正经的说教之上。事实上，反复咀嚼这些寓言，你就能悟出一番经济学大道理来。

西尼尔
——“节欲论”

西尼尔对古典经济学的发展主要表现在他提出了以“节欲论”为核心的经济学说。

纳索·威廉·西尼尔(1790～1864)出生于英国伯克郡一个乡村牧师家庭，1812年毕业于牛津大学法学院，起初从事律师事务，1825年任牛津大学教授，担任政治经济学讲师。1830年他辞去教授职务，积极参加政府的各种委员会活动，相继参加过政府关于工人运动的各种专门委员会、修改济贫法案委员会以及教育委员会的活动。

西尼尔的主要经济学著作是1836年出版的《政治经济学大纲》。这部书最先用人的心理因素来解释社会经济现象，用纯经济理论解释价值、工资、利润和利息等经济范畴，并力求把萨伊和李嘉图的经济学说协调起来。

▲19世纪后叶的英国工业资本家过着奢华的生活，而西尼尔认为应该牺牲个人消费，积累财富。

西尼尔的节欲论是从其政治经济学的四原则中引申出来的。西尼尔根据萨伊关于经济学研究对象的规定，把政治经济学定义为一门抽象的研究一般财富的性质、生产、交换及分配的纯经济科学。这一科学的基础是建立在四个不变的基本命题上的。

这四个基本命题是：(1)每个人都希望以尽可能少的牺牲取得更多的财富；(2)各阶级中的个人由于担心财富不足以适应自己的需求，会自行限制人口的增值；(3)劳动能力借助于资本可无限制增加；(4)制造业所投入的追加劳动，其生产物是递增的；而在农业技术不变的条件下，投入的追加劳动，其生产物是递减的。他认为这四个原则“是观测的或意识的结果”，“第一个是意识的问题，其余三个是观测的问题”，它们的真实性是人人都可以意识到和观测到的，“简直不需要证明，甚至不需要详细表述”。

这四个基本命题是西尼尔将当时旧功利主义和萨伊经济理论加以概括和补充的综合物。西尼尔可以说是继萨伊以后公开主张以实证分析为经济学科学化的首倡者。

西尼尔以这四个原则为他全部经济学说的“依据”，并从中引申出他以“节欲论”为核心的经济学说。

有人问西尼尔，“什么是节欲?”西尼尔说节欲是生产三要素之一。他把生产三要素归结为劳动、自然要素和节欲，用“节欲”一词取代了资本。西尼尔看到，在生产三要素中作为生产资料的资本本身就是其他两个要素(劳动和土地或他所说的“自然要素”)的产物，它与劳动和土地不同，不是生产方面原有的要素。如果说由于劳动和土地创造了财富从而创造了价值，那么其所有者又有什么权力去分享其报酬呢?

为了填补萨伊理论中的“漏洞”，西尼尔提出了作为生产三要素之一的不是资本，而是“节欲”。“节欲”虽不创造财富，但却有助于财富的积累。“节欲”和劳动一样都是一种牺牲，因而都应取得相应的报酬。在这里西尼尔把“节欲”放在了同劳动并列的地位，作为一种独立的生产要素，并把其报酬作为生产成本的主要组成部分。

▶工业革命的发展，需要资本不断投入，图为1770年前后英国发明的水力纺织机。

西尼尔极力赞美资本家的节欲行为，认为“节欲”是一种高尚的行为，是一种积极因素，这种行为是人类意志最痛苦的努力之一，因为资本家进行节欲时要牺牲个人消费，牺牲这种消费所给予他的享受和满足，所以这是一种“美德”。社会的进步就是由于资本家的自我节制的行为所造成的，因此对资本家这种高尚行为必须给予回报。

西尼尔把节欲解释为是人类“自我节制”行为，用“节欲”代替资本作为生产要素之一，从而在经济思想史上第一次把主观心理因素引入到了政治经济学的研究之中。在价值理论上，他还综合了供求论和生产费用论，引进了若干边际效用论的因素，因而受到西方经济史家的推崇，认为他是以约翰·穆勒和马歇尔为典型代表的英国经济思想传统即以妥协和综合为趋势的第一位重要的代表人物。

约翰·穆勒

——“无可置辩的圣经”

约翰·穆勒是19世纪中叶英国资产阶级经济学家和哲学家，是纯古典经济理论的综合阐述者。他的代表作《政治经济学原理及其在社会哲学上的应用》，被英国经济学界视为“无可置辩的圣经”。

▲约翰·穆勒像

约翰·斯图亚特·穆勒(1806~1873)，是詹姆斯·穆勒的长子，他在青少年时期未进学校读书，完全在其父指导下自学。他跟父亲学习历史、外语，跟边沁学习哲学，跟李嘉图学习经济学，也一直是李嘉图学说体系追随者。他受到父亲苦心的培养和熏陶，这对他继承英国哲学和经济学传统，进行有成效的研究起了重要作用。从1823年到1858年间，他一直在英国东印度公司任职，同时研究哲学和经济学。1865~1868年间曾任过一届英国国会议员。1873年5月逝世于法国。

约翰·穆勒的政治经济学著作主要是《略论政治经济学中若干

▲底层工人的生活与资本家相比一个在地狱，一个在天堂。约翰·穆勒理解工人阶级生活的困苦，所以他对资本主义制度持改良主义的态度。

未解决的问题》，这实际上是他发表于1829～1830年间的论文，于1844年出版。这本著作阐述了他对经济学的新见解。特别是1848年出版的《政治经济学原理及其在社会哲学上的应用》(以下简称《原理》)一书，被视为是总结了19世纪初以来的经济学理论的集大成的著作，在很长时期内被英国经济学界视为“无可置辩的圣经”，成为大学政治经济学教科书，直至边际效用学派兴起为止。

约翰·穆勒经济学说的最大特点在于对古典经济学的综合。这种综合不但包含了亚当·斯密以后古典经济学的各种分歧的观点和流派，而且在坚持资本主义的根本要求的同时，对当时正在兴起的空想社会主义的某些要求也表现出了相当的容忍、同情和理解，因而对资本主义制度持改良主义的态度。约翰·穆勒对古典经济学的综合主要表现在：

一是站在维护古典政治经济学和改良资本主义制度的立场上，他同情无产阶级，力图把资产阶级政治经济学和当时已不容忽视的无产阶级的要求调和起来。他承认资本主义的矛盾，正视资本主义现实，并不掩盖劳动与资本之间经济利益的冲突，而是同情工人阶级处境，认为资本主义分配不公平，对财富占有不平等。

二是在资本主义和社会主义二者之间折衷。一方面认为共产主义同西欧现行的资本主义比较起来是好的，把共产主义看做人类进步的最后结果；另一方面又认为资本主义还大有改进的余地。而且人类特别是劳动阶级尚无实行共产主义的准备，因而不赞成马上实行社会主义，而主张首先应对资本主义进行改良。

三是思想上的调和。他接受新经济思想，又不愿轻易放弃旧经济思想，因而发生新旧思想的矛盾，不得不在两者之间调和。他是在把新观念同旧观念关系安排妥当时才采纳新观念的。如他的主要代表作《原理》就是当时经济学说的大综合，它不但继承和阐释古典政治经济学理论，而且也接受了一些当时新的经济学观点，如西尼尔的节欲论和供求论等。他把当时的经济学理论观点兼收并蓄，因而成为他以前各种经济学说的集大成者。各种不同的经济学观点并列于他的著作中，从而使他的经济学说不可避免地存在理论上的许多矛盾。

约翰·穆勒对古典经济学的综合宣告了古典经济学的终结。古典经济学都是从生产出发，研究生产的经济学说。约翰·穆勒则综合了以前所有研究生产的经济理论，形成一部内容广泛、通俗易懂的政治经济学原理著作。而在他之后，资本主义生产过程的矛盾充分暴露，劳动价值论成为反对资本主义和资产阶级的有力武器，资产阶级的经济学者们认识到，要研究生产就不能抛开劳动，不彻底否认劳动对创造财富和价值的作用，也就不能否认资本主义的矛盾，于是便离开生产转而研究消费和流通，走上了主观心理分析的道路。

关于国际贸易理论，今天我们并不感到陌生。究竟为什么要发生国际贸易呢？这个问题在经济学界早有答案，那就是A国的葡萄酒与B国的毛呢的故事。

著名经济学家李嘉图在阐述他的比较成本学时，曾以英葡两国生产葡萄酒和毛呢为例，阐述他的比较成本理论。假定葡萄牙生产一定量葡萄酒(例如1000吨)需要80人年劳动，生产一定量毛呢(例如1000匹)需要90人年劳动，而英国生产等量的葡萄酒和毛呢则分别需要100人年劳动和70人年劳动。如果两国实行分工，均只生产自己相对优势较大的产品进行交换，则既可节约劳动，又可以增加产品数量。两国实行国际分工后，即葡萄牙生产葡萄酒，英国生产毛呢。结果葡萄牙170人年劳动生产了2125吨葡萄酒；英国170人年劳动生产了2200匹毛呢。这就是说，在所用总劳动量不变的条件下，多生产了125吨葡萄酒、200匹毛呢，获得了使用价值增加的利益。

约翰·穆勒在李嘉图之后，进一步研究了这种比较利益的分配问题。他认为，对葡萄牙来说，1吨葡萄酒交换8/9匹毛呢是可接受的最低交换比例；对英国来说，1.2匹毛呢交换1吨葡萄酒是可接受的最高交换比例。如果交换比例高于1.2∶1，或低于1∶8/9，那么两国中会有一国宁愿自己在国内生产这两种产品，国际贸易即不存在。因此，1吨葡萄酒与毛呢的交换比例需在1.2～8/9之间确定，即在“上限”与“下限”之间确定，在此限内，交换的两国均可获益。

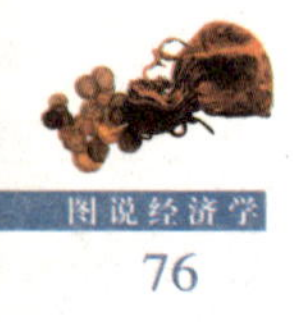

这个上下限取决于国际贸易发生前各国这两种商品生产费用的比例。葡萄酒和毛呢交换比例确定在哪一点关系到比较利益的分配，关系到交换两国各获益多大份额。他指出，在交换中获得比较利益最大份额的国家是那些在对外贸易中处于最有利地位，其产品最为外国所需要，而自己对外国产品最少所求的国家。这就是约翰·穆勒的“国际需求方程式”。

▼19世纪英国工业迅速发展

延伸阅读

空想社会主义

19世纪初，古典政治经济学宣告终结。经济浪漫主义产生了，同时也出现了空想社会主义的经济思想。

1.圣西门理想制度。圣西门是法国著名的空想社会主义者，圣西门设想的未来理想经济制度是一种“实业制度”。

2.傅立叶的“和谐社会”。傅立叶也是法国著名空想社会主义者，傅立叶对资本主义制度进行了尖锐、深刻的批判，他设想的理想社会叫做“和谐社会”。

3.欧文的“劳动券”。欧文是著名的英国空想社会主义者，欧文认为新的社会应建立在财产公有制度基础上，人人都劳动，没有阶级，没有剥削，各取所需。

如果葡萄牙对毛呢需求强烈而使交换比例接近1∶8/9，则英国可获较多利益；反之，如果英国对葡萄酒需求强烈，使交换比例接近于1.2∶1，则葡萄牙可获较多利益。他说：“以上我们所说的法则，可以恰当地称之为国际需求方程式。对此可以作如下的简述。一国的生产物总是按照该国的全部输出品适足抵偿该国的全部输入品所必需的价值，与其他国家的生产物相交换。这一国际价值法则只是更为一般的价值法则，被我们称之为供给和需求方程式的延伸。”穆勒的“国际需求方程式”对李嘉图的比较成本学说是一个重要补充和发展，它确定了国际贸易中商品交换比例变动的范围，指出了比较利益的分配取决于贸易国对交换的产品相互需求强度的对比，在国际贸易学说史上，具有重要的地位和影响。

西斯蒙第

——为人类谋幸福的学说

让·沙尔·列奥纳尔·西蒙·德·西斯蒙第(1773～1842)生长在瑞士日内瓦法语区一个新教牧师家庭，这个地区的经济、政治状况同法国有密切联系。西斯蒙第曾在巴黎上大学，因经济困难，中途辍学后到里昂一家银行当职员。1792年里昂爆发革命，他回到日内瓦，随后瑞士也爆发革命，他迁居英国，后来从英国回到瑞士，又迁居意大利。西斯蒙第在意大利开办农庄，经营农业，同时开始研究政治经济学。1800年他重返日内瓦，一度从事政治活动。法国波旁王朝复辟后，周游欧洲，再访英国，继续从事政治经济学和历史的研究。并先后出版了几部历史学巨著，成为当时著名的经济学家和历史学家。

西斯蒙第经济思想的发展，经历了从信奉古典经济学到反对英国古典经济学的两个时期。1803年，西斯蒙第出版了第一部经济学著作《论商业财富或政治经济学原理在商业立法上的应用》。在这部书里，他同意斯密的一切学说，表明他是英国古典经济学的信奉者。15年后，即在1819年发表的《政治经济学新原理或论财富同人口的关系》(简称《新原理》)一书中，最先提出了消费先于生产的经济理论，这一理论否定供给决定需求的萨伊定律，提出不是供给决定需求，而是需求决定供给，并在一些主要问题上作出了与英国古典经济学相对立的结论。

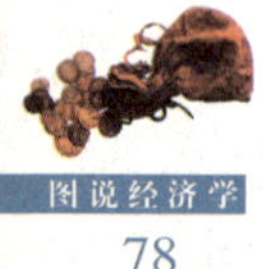

西斯蒙第的新体系，是建立在对政治经济学的不同理解上的。《新原理》开宗明义的第一篇，就是在同英国古典经济学的论战中确定政治经济学的研究对象。他认为政治经济学研究的对象应是人类的物质幸福，政治经济学是政治学的一部分。他说："政治学的目的是或者应当是为组成社会的人类谋求幸福"，因此，政治学研究的是人类的普遍幸福。人的幸福是由精神条件和物质条件两方面构成的，而达到这种普遍幸福也有两种方法，即增进人们的精神福利和物质福利。根据这两种方法，政治学"分为两大部门"，即"高

▶由于18世纪欧洲人民的生活水平不断提高，对食物品种的要求越来越多，从而给商业贸易带来了更多的机会。

级政治学和政治经济学”。研究精神方面的幸福，即研讨“使全国所有阶级普遍得到自由、文化、德行和希望的恩泽”是高级政治学的对象；而研究物质条件方面的幸福则是政治经济学的对象。

▲18世纪70年代后期法国油画，描绘了一对知识分子恩爱夫妻正在平等地学习和讨论，自由、平等的观念已经深入到了人民的心中。

西斯蒙第认为政治经济学研究的中心是收入分配。他认为人们生产财富是为了自己享受，积累财富决不是目的，而是使大家共享幸福的手段。但他发现，在交换发生以后，人的享受或消费是由他的收入决定的，而每个人有多少收入又是由分配决定的，所以他认为收入分配是政治经济学研究的中心，财富和人口的比例是政治经济学研究的重要任务。他说：“收入既然给国家带来莫大的幸福，那么通过研究收入就能够最好地达到这门科学的目的。”

在研究方法上，西斯蒙第强调研究的对象是人与人的需要，认为政治经济学既然是研究人类幸福的科学，那么它“需要良心正如需要理智一样”，进而经济学不但诉诸于理智和良心，而且应诉诸于感情和道德。在他看来，英国古典经济学正是因为缺乏这种态度而走上迷途的。他说：“一般说来，亚当·斯密对待科学的态度是有些过于拘泥于计算数字，然而从全面来看，科学既属于感性又属于想象，感性和想象是不需要什么数字的。”至于李嘉图，则完全陷入了抽象而“把人遗忘了”，因此，他的理论“过于空洞，甚至可以说脱离一切实际”。因而，他认为政治经济学不是单纯计算的抽象的科学，而是伦理道德的科学，只有注意到人们的情感、需要和热望时，它才能达到目的。西斯蒙第提出在政治经济学中应树立伦理观念的思想，成为以后大陆国家，特别是法国“社会经济学“的起源，形成了西方经济学主流派之外的另一个传统，同时还带有现代经济学中规范分析的倾向。

西斯蒙第在研究方法上还强调经验的归纳。在经验归纳中，他强调对历史现象的分析和研究，认为正确的研究方法应该是以各民族的历史为基础的，对经济事实进行细致的考察，进行归纳，才能解释各种经济现象。这一观点又对德国的历史学派产生有一定的影响。

马克思的《资本论》

——点亮人类幸福的圣火

▲卡尔·马克思像

马克思在政治经济学史上的贡献是完成了鸿篇巨制《资本论》，创立了劳动价值理论、剩余价值理论、资本积累理论、社会资本再生产理论和经济危机理论。这些理论都是来自于对古典经济学的继承与发展。《资本论》的问世，为无产阶级的解放指明了方向，点亮了人类幸福的圣火。

马克思为创作《资本论》几乎花费了毕生的精力。从1843年马克思开始研究政治经济学，到1867年《资本论》第1卷出版，前后共经过了20多年的时间。在这20多年时间里，他阅读了大量书籍，撰写了大量读书笔记。他不仅阅读了当时所有比较重要的政治经济学著作、经济史和货币银行等著作，还经常阅读与专门的经济问题有关的自然科学著作。例如，在研究剩余价值产生问题时，他曾阅读了工艺学、技术史等资料；在研究地租问题时，除了阅读农业和土地关系方面的资料外，还阅读了农业化学、土壤学和地质学等方面的书籍。同时，他搜集了大量的经济资料，撰写了大量的笔记和专论形式的手稿。据粗略的统计，马克思读过和写过笔记、摘录的书在1500部以上。他所写的有关政治经济学的札记、摘录、手稿、提纲、评论等笔记至少有100多册。

马克思从事科学研究的精神也是十分感人的。他几乎是在十分艰苦、充满斗争的岁月里进行《资本论》的写作的。长期的贫困和严重的疾病，经常妨碍和打断马克思的研究工作。马克思一家经常连最必要的生活资料都很缺乏，常常陷入债务和破产的威胁之下，有时连买稿纸的钱都没有，只好把衣物拿去典当。有一次，马克思把自己仅有的一件外衣都送进了当铺里，以致不能出门。有时一连几个星期一家人只能吃点土豆和面包过日子，但马克思却以非凡的毅力经常通宵达旦地工作。马克思在《资本论》第一版出版前夕，曾在一封信里说过："我一直在坟墓的边缘徘徊。因此，我不得不利用我还能工作的每一刻来完成我的著作，为了它，我已经牺牲了我的健康、幸福和家庭。"

▲《资本论》书影

1863年8月到1867年，马克思撰写完成了《资本论》的第1卷、第2卷和第3卷的手稿。1867年9月，《资本论》第1卷德文第一版问世，1867~1870年，马克思写了《资本论》第2卷的第二、三、四稿，同时修订第1卷。1870年3月写完第2卷的修订稿(不是最后定稿)。1872年7月到1873年4月，出版了第1卷德文第2版分册。1872年9月到1875年11月，第1卷德文版分册出版。马克思亲自校订，同时对翻译所根据的德文第2版的内容和分篇也作了变动和补充。1875年，马克思写了一部属于第3卷范围的、用数学方法论述剩余价值率与利润率关系的手稿。1877年至1881年，又

▼马克思和恩格斯正在审阅新印的报纸。在马克思的领导和帮助下，《莱茵报》发行量增加了两倍，成为普鲁士的一家大报。

▶无产阶级在极其恶劣的条件下从事着繁重的工作。

写了第2卷的第5稿到第8稿，并从事第2卷和第3卷的定稿和研究工作。马克思原打算在1879年写完第2卷的付印稿，但由于健康原因未能如愿。

马克思逝世后，恩格斯整理出版了《资本论》第2卷和第3卷，并于1885年出版了第2卷德文第1版，1894年出版了第3卷德文第1版。恩格斯还校订了《资本论》第1卷英译本(1887年出版)，准备了第1卷的德文第3版(1883年出版)和第4版(1890年出版)，也就是我们今天所能读到的《资本论》第1卷的版本。为《资本论》的出版，恩格斯也付出了极大的劳动。

推荐读本

《共产党宣言》是马克思、恩格斯以"共产主义者同盟"党纲的形式于1842年2月发表。在《共产党宣言》中，进一步论证和发展了关于资本主义发生、发展和灭亡的规律，指出资本主义生产关系比旧的生产关系更大地促进了生产力的发展。同时从资本主义生产力与生产关系的矛盾中深刻地揭露了经济危机的根本原因，并把危机与资本主义的崩溃联系起来，从而发展了经济危机学说。

《资本论》全书共分4卷。它的前3卷是理论部分。主要研究资本的运动，即资本的生产过程、资本的流通过程和资本的总过程、总形态，实质上也就是探讨剩余价值的生产、流通和分配的过程。这3卷构成了一个以资本和剩余价值为核心的理论体系。第4卷是历史批判的部分，即《剩余价值理论》。前3卷虽然是说明马克思在经济理论方面的研究成果的，但是在其中也相应地对古典经济学说作了批判。而最后一卷在历史地批判古典政治经济学的同时，也相应地发展了马克思的经济理论的许多要点。所以说，理论部分和经济学史部分是紧密联系和相互补充的。

《资本论》的出版，标志着马克思政治经济学的建立，这是经济科学的一次重要变革。在经济学分析方式上，马克思强调要用辩证法来分析和认识经济现象，运用抽象法研究和揭示经济现象的本质和规律，强调逻辑与历史过程的辩证统一。

马克思在《资本论》第1卷德文第2版中写道："辩证法在对现存事物的肯定和理解中包含对现存事物的否定，即对现存事物必然灭亡的理解；辩证法对每一种既成的形式都是从不断运动中，因而也是从它的暂时性方面去理解；辩证法不崇拜任何东西，按其本质来说，它是批评的和革命的。"马克思就是按照这一辩证法对资本主义现象进行经济分析的。

马克思的政治经济学也继承了英国古典经济学的研究成果。亚当·斯密和大卫·李嘉图的劳动价值论思想，以及他们对资本主义生产的内在联系的分析和对剩余价值的各个具体形态的考察，都为马克思所继承和发展。另外，法国的圣西门、傅立叶以及英国欧文主张消灭私有制和剥削、批判资本主义制度的空想社会主义思想，也为马克思所继承和发展。但马克思主义的政治经济学在根本上又

▼ 全世界无产者联合起

工业革命的到来，使欧洲产生了穷苦的工人阶级，而马克思则成了所有无产者的代言人。

名人点评

没有一本书像我们面前这本书那样，对于工人具有如此重要的意义。资本和劳动的关系是我们全部社会体系所赖以旋转的轴心，这种关系在我们这里第一次作了科学的说明，而这种说明之透彻和精辟，只有一个德国人才能做到。

——恩格斯

不同于古典政治经济学。它对资本主义生产方式进行社会主义批判，完成了近代经济学对于资本主义生产方式的发生和发展的全面分析；而且以完全不同的立场、观点、方法研究了人类社会中支配物质生活资料生产和交换的规律，论证了人类历史发展的趋势。它是政治经济学史上的革命转变。马克思的政治经济学还是对以往资产阶级政治经济学的否定。但否定并不是简单地说个“不”字，否定的本身包括有继承性，就是吸收人类思想历史上已达到的所有一切前进和进步的东西，加以批判的改造，并统一为更高的综合。

马克思公开而鲜明地宣告：他所建立的政治经济学是具有无产阶级的阶级性和党性的科学。它从一开始就树立起了无产阶级的旗帜，站在无产阶级的立场上，对资本主义生产方式和代表资产阶级利益的政治经济学进行批判，论证了资本主义必定被社会主义所代替的历史必然性，为无产阶级在阶级斗争中锻造了锐利的理论武器。

第四章

边际主义

——19世纪70年代～20世纪30年代

门格尔

——吃第一块牛肉与第三块牛肉的感觉不同

▲门格尔像

卡尔·门格尔(1840～1921)是近代著名的资产阶级经济学家奥地利学派的创始人。门格尔出生于奥匈帝国的加利西尼一个缙绅之家，父亲是律师。他1859年进入维也纳大学学习，次年转学到布拉格大学学习法学和国家学，1867年获克拉科夫大学博士学位。毕业后，先从事法律事务，接着进入奥地利国务总理办公室的新闻机关。这时他写些市场报告，并开始对价格理论有所涉及。1868年门格尔取得维也纳大学讲师资格，他开始阅读大量经济学文献。1871年底，他完成并发表了其成名作《国民经济学原理》。1876年至1878年，任奥地利皇太子的私人教师，陪同皇太子鲁道夫周游欧洲。1879年返回维也纳大学任政治经济学教授。门格尔的长期目标是出版一本关于经济学的系统性著作和一部关于社会科学一般特征与方法的专著。1883年门格尔发表《经济学和社会学方法论研究》，挑起了同施穆勒的方法论论战。1884年发表《德国历史主义的错误》，他还写过《资本理论》（1881年）、《货币》（1892年）两篇论文。1900年成为奥匈帝国议会上议院终身议员。1903年他辞去教授职务，全身心地研究和写作，他的经济学理论讲座由奥地利学派另两名干将维塞尔和庞巴维克继承，1921年逝世，享年81岁。

门格尔是奥地利学派的创始人，在经济学上的主要贡献在于对边际效

知识点击

奥地利学派是近代资产阶级经济学边际效用学派中最主要的一个学派，奥地利学派的理论核心是边际效用价值论。这个理论认为：一件东西的价值，除有效用之外，还必须“稀少”，即数量有限，以致它的得失成为物主快乐或痛苦所必不可少的条件。而市场价格无非是根据这种主观价值所作的估价而形成的。其主要人物有门格尔、维塞尔等人。

◀19 世纪棉花交易情景

在《国民经济学原理》中，门格尔将"交换"看做是货币的起源，当以物易物的形式严重阻碍了交易进程、交易范围时，需要一种中间媒介在物物之间周转，货币就是这种媒介物。

用价值理论的阐述，同时也在于他在研究经济问题时所使用的经济学方法。《国民经济学原理》中的"边际效用价值论"补充了19世纪上半期萨伊提出来的"效用价值论"的缺点，以"稀少"摆脱了"效用价值论"无法解释的困难。

门格尔认为价值取决于人对财货效用的主观评价。那么价值量，即主观效用量是如何决定的呢?为了回答这个问题，门格尔在主观效用的分析上，加进了一个边际概念。他在考察价值尺度或价值量的测定问题时，引申出了关于边际效用量决定财货价值的规律，并最早对此作了明确的阐述。为了加深对边际概念的理解，我们先给大家讲一个生活中的故事：

在美国西部的一个小镇上，人们过着平静的生活。

一天，来了一个外乡人，他向镇上的人介绍说，他叫约翰·杰夫，来这儿碰碰运气，看能不能找到点活干。

杰夫很快在镇上的一家小酒馆里找到了一份不错的工作——调酒师。杰夫很聪明，加上调酒的手艺不错，很快就融入了镇上居民们的生活。

过了一年，杰夫有了些积蓄，于是，他便在镇口租下了一间小房子，开了一家专门卖烤牛肉的小餐馆。推出了一种口味独特的杰夫烤牛肉。这种烤牛肉，加上杰夫自己配制的一种辣酱，使其在这个西部小镇上十分畅销，每天可以卖出上百斤。杰夫的小店也因此成为了一家小有名气的烤牛肉店。

一次，杰夫的一个朋友查理来看望他。老朋友的到来令杰夫感到非常高兴，便用鲜美可口的烤牛肉来招待他。杰夫叫服务员端来了一块牛肉。查理切下一小块放入口中，细细地品味了一番。牛肉外酥里嫩，十分爽口，所以查理很快就把第一块烤牛肉吃光了。于是杰夫又叫服务员端来了五块牛肉。查理又拿着刀叉吃了起来。吃第二块牛肉，觉得味道尚可，但没有第一块好吃，吃第三块……才吃了几口，就咽不下去了。这时，查理忽然感到“杰夫烤牛肉”的味道也不过如此，一般得很。

上述例子说明，尽管牛肉的质量相同，但你会感觉到第一块牛肉又香又嫩，而第三块牛肉则味同嚼蜡，所以吃第一块牛肉与第三块牛肉的感觉不同的。这就是边际效用递减规律。

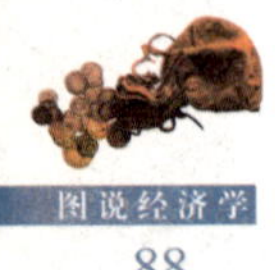

在门格尔看来，人们在财货数量有限的情况下，不能使全部欲望都得到满足，他们只能根据欲望的重要性进行分配，首先满足最重要的和较重要的欲望，而在一系列能被满足的欲望中，总有一个是最后被满足的最不重要的、意义最小的、处在满足和不满足边沿上的欲望，即它是随时会随财货量的减少而首先被放弃掉而得不到满足的欲望。这时各种欲望的满足程度达到一致。这种欲望可称为边际欲望，而满足这种边际欲望的能力就是边际效用。

《国民经济学原理》是门格尔最重要的著作，它奠定了奥地利学派边际价值论的基础。

延伸阅读

马斯洛的需求层次理论

马斯洛需求层次理论把需求分成生理需求、安全需求、社交需求、尊重需求和自我实现需求五类，依次由较低层次到较高层次。

生理需求：对食物、水、空气和住房等需求都是生理需求。

安全需求：安全需求包括对人身安全、生活稳定以及免遭痛苦、威胁或疾病等的需求。

社交需求：社交需求包括对友谊、爱情以及隶属关系的需求。

尊重需求：尊重需求既包括对成就或自我价值的个人感觉，也包括他人对自己的认可与尊重。

自我实现需求：自我实现需求的目标是自我实现，或是发挥潜能。

庞巴维克

——泉水叮咚与沙漠行人

欧根·冯·庞巴维克(1851～1914)是门格尔的学生，是19世纪末20世纪初奥地利学派的更有影响的代表性人物。这个学派的理论在庞巴维克的著作中表现得最为完整。他曾先后任英斯布鲁克大学和维也纳大学教授，三次出任奥匈帝国财政大臣，曾任维也纳科学院院长。他既是一个经济学家，又是一个国务活动家。在经济学说史上，庞巴维克是第一个系统地批判和对抗马克思主义剩余价值理论的边际主义者。

他的主要著作有两卷本的《资本与利息》，第1卷题为《利息理论的历史和批判》(1884年)，批判了以往所有涉及利息客观来源

▼18世纪法国食品和燃料的经常性短缺，导致民心不稳，这些运小麦和木材的船只大受欢迎。

的观点，特别攻击了马克思的劳动价值论和剩余价值论。第2卷题为《资本实证主义》(1888年)，系统地阐述了边际效用价值论和以此为基础的时差利息论。在马克思《资本论》第3卷出版后，他又发表了《马克思体系的崩溃》(1896年)，认为马克思的平均利润率规律与他的价值规律理论相矛盾，《资本论》第3卷与第1卷相矛盾，前者否定了后者，因而马克思主义体系陷于"崩溃"。他主张用边际效用价值论代替劳动价值论，以时差利息论代替剩余价值论。

庞巴维克提出，主观价值是客观交换价值的基础。他认为，物品的有用性和稀少性都是价值形成所不可缺少的因素，都是主观价值的起源。为了说明这一原理，他举了人在不同地点对水的不同主观评价的例子。

戴维是波斯一名有名而富有的商人，他的家就住在泉水的旁边。全村人不仅可以吃到甜甜的泉水，还经常用泉水洗衣服，夏天常常有人在泉水中游泳，在水中嬉戏，真是快活无比。因为这口流量巨大的泉眼是天赐的，全村百姓都有权使用，并且不计价格。

▲1873年发明的打字机，由于需求量大而产量少，所以价格高昂。

戴维作为一名商人，经常要离开自己的家乡，带着他的商队穿过茫茫的沙漠到达遥远的东方，然后带回来精美的瓷器，浓香的茶叶和华丽的丝绸。六月的一天戴维又带着它的商队从波斯出发了。他们要经过数个月的艰难跋涉才能到达目的地——中国。

半个月后，戴维的商队进入了沙漠，这一段旅程被戴维称为"死亡之旅"。为了能顺利走出沙漠，戴维进行了精心的准备。他命令他的随从把几十头骆驼都喂得水足料饱，一头头骆驼的驼峰高高地耸立；同时他的随从还准备了上百个水袋和足够的食物。由于戴维的精心准备，使他能够成功地往返于波斯和遥远的东方。

走着，走着，戴维的商队遇到了沙尘暴！整个商队被沙暴吹散了，同时也使他们难辨方向而误入迷途。这样，就延长了在沙漠中行进的时间，原来准备的水也越来越少了。

又过了几天，由于每天只能喝到少量的水，每一个人都口干舌燥，奄奄一息。大家都在互相回忆在家乡大口喝水的爽快，在泉水中游泳、嬉戏的情景。水，现在太让人渴求了。这时，商队里的一个领队过来苦苦哀求戴维能不能多给他一口水喝，他许诺说："戴维，只要你给我多喝一口水，出去之后我愿意为你做任何事！"

"不行，绝对不行！"为了大家都能走出去，戴维坚决地拒绝了这个领队的要求。无奈之下，这个领队转身对其他人大声说："我出5个金币买一口水！"然而却没有人对他的提议感兴趣，大家仍然默默地向前走着。"10个金币一口水！""15个金币一口水！""20个金币一口水！"领队不断提高价码，但就是没有人愿意。戴维走过来拍了拍领队的肩膀说："现在你出100个金币也不一定会有人愿意，这里的水比黄金还贵！"这就是物以稀为贵的道理。

庞巴维克正是以一个居住在泉水旁边的人和一个行进在灼热的沙漠里的人对水的主观评价不同而断言："一种物品要具有价值，必须既具有实用性，也具有稀缺性。"

庞巴维克进而论述了边际效用量问题。他认为，边际欲望是指处在被满足和不被满足的边沿上的欲望，是最后被满足的欲望，也是最不重要的欲望。如果物品减少了，是首先被失去的欲望。边际效用就是满足边际欲望的能力。他认为决定物品价值的不是它的最大效用，不是它的平均效用，而是它的最小效用，即"由它的边际效用量来决定的"。

每一种需要都存在着不同的欲望强度。人们对需要中最重要、程度最迫切的需要评价最高。但是随着一个人所拥有的某种物品数量的增加，他从该物品所获得的满足量也会增加，而对该物品欲望的迫切程度，即欲望强度就会不断下降。与之相应则有物品效用递减规律，即随着物品数量的增加，人们对该物品的欲望递减，对单位物品的主

▲ **古波斯贵族的纯金马战车**
虽然这辆战车的效用同现实中的马车相比小得多，但由于黄金及文物的稀缺性却使其具有更大的价值。

观评价也不断降低，物品对人的主观效用也不断下降。当人们的欲望迫切程度递减到0时，就达到了欲望饱和状态。这时人们对物品的评价为0，物品的效用就完全丧失，因而也就没有价值了。

物品价值量为什么由其边际效用决定?他举了一个居住在原始森林中的农民的例子。

这个农民一年收获了5袋谷物，第1袋谷物，农民用它来维持自己一年的生活，其边际效用为10；第2袋谷物农民用它来改善生活，增进健康，其边际效用为8；第3袋谷物，农民用它来饲养家禽，其边际效用为6；第4袋谷物，农民用它来酿酒，其边际效用为4；第5袋谷物，农民用它来喂鹦鹉，以获得精神的愉快，其边际效用为1。除此之外，他想不出更好的消费办法。

这5袋谷物对满足农民欲望的重要性和迫切性是各不相同的。因而农民对各袋谷物的评价也不同，如果损失了其中任何一袋，农民自然会放弃最不重要的需要，即喂鹦鹉的欲望，牺牲最小效用1，所以边际效用1决定各袋谷物的价值。如果谷物只剩下4袋，他将用这四袋谷物供应前四类需要，这时谷物的边际效用是4，各袋谷物的价值也都是4。如果他只剩下1袋，就只能满足最重要的需要，这时最大的效用就是边际效用。谷物的价值将变为10。相反，如果谷物增加为6、7、8袋，则边际效用将为1以下某数。如果谷物多到用不了时，则变为无价值了。

一件物品的价值由它的边际效用量决定，那么，边际效用量又由什么决定?他认为是由需要与供给的关系决定的。他提出了一条决定价值量的“规律”：“物品的数量和物品的价值成反比”，“任何种类的物品越多，决定其价值的边际效用就越小。再则，如果某一种物品的供应很多，多得使一切需要完全得到满足以外，仍然有剩余的物品不能找到有益的使用，那么，它的边际效用就等于零，这一物品也就无价值”。所以，物品的边际效用不是

推荐读本

理查德·豪伊的《边际效用学派的兴起》一书非常严谨细致地追踪了边际经济学的兴起，以及观点的演进。这本书的第一部分带有绪论性质，主要是追溯了杰文斯、门格尔和瓦尔拉斯1871年以前的思想发展，他们于1870年初分别发表论文是边际效用学派兴起的开端，第二部分比较了效用学说在杰文斯、门格尔的里程碑式著作中所起的作用，以提示边际效用学说的起源，以及他们著作的内容，第三部分考察他们思想的缓慢扩展和偶尔的再发现。

固定不变的，它随着需要和物品供给数量的变化而变化。庞巴维克认为，用他的这个边际效用价值理论，就可以解释珍珠、钻石效用小却具有很高的价值，面包和铁效用大却具有较少的价值，阳光效用很大却没有价值这种生活中的矛盾现象了。

补全物品价值构成与客观交换价值论

在阐述边际效用的基础上，庞巴维克还讨论了补全物品的价值构成问题。补全物品是指用途相互补足的物品，即几种物品必须以某种方式结合起来使用才能取得一个经济效用的物品，例如：纸、笔、墨水；针和线；车和马；弓和箭；左右两只手套，等等。补全物品的价值是和它作为一个整体所提供的边际效用相适应的。补全物品在提供效用方面有密切合作的关系，在它们的价值形成中也有所反映。补全物品价值的决定表现为两种情况：

▲法国投入巨大的资本，在改革家安纳·罗贝尔·杜尔哥的指挥下修建了400多英里道路，实现了部分落后省份的现代化。

一是补全物品组(全体)的价值，是和它们作为一个整体所能提供的边际效用适应的。如计算机、激光打印机、纸三种物品形成一个补全物品组，假定三者联合使用所能提供的最小效用具有100的价值，则它们的总价值是100。如果补全物品组的各个成分都有替代品，或能单独使用，并且各替代品单独使用时的总和小于综合使用时产生的效用，全组价值就由各替代品孤立效用总和决定。如计算机、激光打印机、纸综合使用的边际效用为100，而三者替代品的边际效用分别为40、30、20，那么，全组物品的价值就是90，而不是100。

二是补全物品各成分的价值决定也分为两种情况：第一种情况是如果物品组中各个成分除了联合使用外，都无其他用途，又无替代品，那么，其中一个成分就具有物品组的全部价值，而其他成分没有价值。如，在寒冷的冬天，一位女士兴高采烈地买了一副皮手套，价值为5英镑。一次，她在北风呼啸的夜晚，不慎滑倒在冰天雪地里，一只手套被北风卷走。第二天，她跑遍全城都买不到和另一只完全相同的手套，这样，那副心爱的手套就因为丢掉了一只而损失了全部效用。剩下的那只手套也毫无价值了。第二种情况是物品组中个别成分在联合使用之外，还能提供别的较小的效用，在无替代品时，其价值的决定以其单独使用时的边际效用量为最低限度，以全组联合使用时的边际效用量减去其他成分单独使用时的边际效用量的差数为最高限度。

庞巴维克从补全物品价值理论中引申出分配问题。他认为，补全物品价值理论是一把钥匙，可以解决在充分自由竞争条件下的分配问题。“一切产品都是通过三种互相补全的‘生产要素’(劳动、土地和资本)的合作而生产出来的。我们的理论既然能够说明联合产品在经济上有多少归功于哪一个要素，从而能够说明各个要素在总价值中所占的份额，那么，它就能够为决定各个要素所应得到的报酬量奠定最有决定意义的基础”。这就是说，劳动、土地和资本等生产要素的价值或其应得到的报酬，可依据上述原则来估算。

庞巴维克的客观交换价值论是以其主观价值论为基础，来说明市场价格的决定规律。按照他的主观价值论，每个人对物品主观评价不同，但一种物品的市场价格却是同一的，这是一个矛盾。他认为要解决这个矛盾正确说明价格，就必须分析交换过程。

一般说来，每个交换者都想从交换中获得最大利益，都想用对自己主观效用小的物品换取自己主观效用大的物品，所以市场交换只有在下述条件下才能成立：只有买卖双方都对自己的商品评价低，对对方的商品的评价高时，交换才能成立，即卖主对商品评价低于买主(起码双方评价相等)时，买卖才能进行。由此他提出了交换三原则：只有交换能给自己带来利益时，他才愿交换；他愿为较大利益而不愿为较小利益交换；在不交换就无利可得时，他也愿为较小利益交换。庞巴维克由此得出结论：市场价格是交换双方对物品评价互相平衡的结果，而交换者对物品的主观评价则由物品对他的主观效用而定。也就是说，这种平衡是由交换者在竞争中形成的财货的边际效用决定的。

他把市场交换分为四种情况，并论述了在每一种情况下价格的决定。第一，孤立的交换：只有一个买主和一个卖主的交换。这时价格是以买主对物品的评价为上限，以卖主的评价为下限，价格在两者之间形成。第二，买者单方面竞争：即卖主只有一个人，买主多人。这时价格以购买成功者即对商品评价最高的购买者的评价为上限，以竞争失败者中最有竞争能力的买者对商品的评价为下限，价格在二者之间形成。买者之间单方面竞争有使价格上升的趋势。第三，卖者单方面竞争：即买主只有一个人，卖主多人。这时价格以出卖成功者即对自己商品评价最低的卖者的评价为下限，以竞争失败的卖主中最有竞争能力者的评价为上限，价格在两者之间形成。卖者单方面竞争有使价格下降的趋势。第四，买卖双方面竞争：买主卖主均有多人。他认为这是交换的一般情况，对价格的形成规律最重要。他以马市为例，来说明他的客观价值交换论。

▲弓箭
作为人类最早发明的武器——弓箭，无论是用来狩猎还是战争，它们都是永远的好搭档。

一天，在一个马市上，有8个卖马者，10个买马者。10个买马者对一匹马的主观评价分别为30、28、26、24、22、21、20、18、17、16英镑；8个卖马者对一匹马的主观评价则为10、11、15、17、20、22、25、26英镑。卖者力图高价出卖，买者力图低价购进。交换竞争的结果，是马的价格必然形成于22～21英镑、20～21英镑之间。第五个买者愿意出22英镑，而第五个卖者则要求卖20英镑；第六个买者愿意出21英镑，而第六个卖者则要求卖22英镑，这样上述两对买主和卖主便为边际对偶，价格就由这两对的主观评价决

▲繁荣的市场上买卖双方经过讨价还价最终达成一致，这也是城市生活最有生机活力的一幕。

定。竞争会迫使马的市场价格限定在21～21镑10先令之间。因为第五个买者比第五个卖者对马的评价高，能成交；第六个买者比第六个卖者对马的评价低，故不能成交。在能成交的对偶中，第五个买者和第五个卖者竞争能力最小；在竞争失败不能成交的对偶中第六个买者和第六个卖者竞争能力最大，这两个对偶是边际对偶。他们是处于交换成功与失败的边际交换者。市场价格就是由这两个边际对偶的主观评价所决定，其上限由交换成功的第五个买者和交换失败者中最有竞争能力的第六个卖者的评价决定，其下限由交换成功的最后第五个卖者和交换失败者中最有竞争能力的第六个买者的评价决定。其他买者和卖者之间，由于双方对马的主观评价悬殊，故不可能成交。

这样庞巴维克就较好地解决了主观价值论与市场价格之间的矛盾。

克拉克

——边际生产力

在庞巴维克提出边际效用的同时，美国边际效用学派的代表克拉克提出了边际生产力论。

约翰·贝茨·克拉克(1847～1938)。1872年毕业于美国阿默尔斯特大学，随后留学德国汉堡大学。回到美国后，一直在大学任教，先后担任卡尔顿、史密斯、阿默尔斯特、哥伦比亚等大学经济学教授。1893～1895年担任美国经济学会会长。

如何理解边际生产力呢？有这样一个故事：有一个工厂一天先后招收了甲乙丙丁四个工人。甲一天创造的价值是100元；乙是80元；丙是60元；丁为40元，即从高到低依次递减。而他们的工资则是以丙为标准来计算的，假定一天都是30元。这是因为在资本数量不变的条件下不断增加工人人数，每个单位工人平均得到的工具设备就会逐渐减少，技术供应状况就会逐渐变化，则每一个追加的单位工人的劳动生产力必然递减，这就叫做劳动生产力递减规律。最后增加的那一个单位的劳动的生产率最低，这就是劳动的边际生产力。最后增加的单位工人就是边际工人(在上面的例子中为丙)，最后一个单位工人的劳动就是边际劳动。这个边际劳动生产率，不仅决定边际工人的工资，而且决定所有与他处于同样条件下(劳动日、劳动强度和熟练程度)的工人的工资。这个劳动的边际生产力即边际工人增加的产量是决定工人工资的自然标准。因为他们的素质是一样的，可以互相代替。如果有的工人要求更高的工资，雇主可以解雇他，而用边际工人代替。在上面的例子中，如果“甲”提出过高的工资要求，该厂就会解雇他，再找一个和“丙”一样的工人去代替他。所以，边际工人增加的产量决定全部工人的工资标准。

为什么边际工人增加的产量决定工资呢？因为，边际工人是站在资本集约利用的边际上，他们的被雇佣或离去，对雇主没有损失，也没有利益，只有在这个条件下他们才可能最后被雇用。如果他们的被雇用对雇主收入带来损失，雇主不会雇用他们。他们对雇主来说处于可有可无的地位，他们构成产业雇用上的“可有可无地

◀当就业变得相当困难时，虽然工厂里的工作十分辛苦，也要靠不断的努力才能得到。

▶由于越来越多地利用机械进行大规模粮食生产，农业工人的工资也越来越低。

带”。每个企业、每个部门以至整个社会的雇佣区域都有一个“可有可无地带”。另一方面，如果有些雇主不肯按边际工人增加的产量付给他们工资，在完全自由竞争下另一些企业家会支付这个工资雇用他们。所以只要自由竞争充分发挥作用，边际工人无论到哪里，他们所得的工资都会恰恰等于他的增加的产量。他把企业家的平均利润也看做是工资。

同样的道理，克拉克还从“生产力递减规律”引申出“资本生产力递减规律”来说明他的利息论。资本的边际生产力就是假定工人人数不变，不断增加资本，则单位资本所使用的工人数量不断减少，新增加的逐个资本所提供的产品数量也会递减，这就是资本生产力递减规律。最后增加的单位资本叫边际资本，它所增加的产量最小，生产力最低，叫做资本的边际的生产力。资本的边际生产力，即边际资本的增产量决定利息率的标准。它不仅决定边际资本的利息，也决定全部资本的利息标准。

克拉克关于工资与利息的结论是：如果资本数量不变，工资水平取决于工人人数，工人人数越多，工资水平就越低；反之则相反。如果劳动数量不变，利息水平取决于资本数量，资本越多利息率就越低；反之则相反。

推荐读本

赫尔曼·戈森(1810～1858)是边际效用论的奠基人，他在《论人类交换规律的发展及人类行为的规范》(1854年)一书中提出了效用递减规律，即认为人们对某种物品的需要，随着需要的不断被满足，所感觉到的享乐程度逐渐递减，直至最后达到饱和状况。同时由这个规律派生出边际效用相等规律，是指在效用递减规律的作用下，达到最大限度享乐的方式。

帕累托最优

——苹果与梨的组合

▲帕累托像

意大利统计学家维尔弗雷多·帕累托是经济学数理学派的代表人物之一。学习工程学、数学出身，这为他日后用数学表达式解释经济问题奠定了良好的数理基础。1893年帕累托出任瑞士洛桑大学教授。他在政治上、经济上都是一位极端的自由主义者，反对国家干预，同时他也是一位天主教徒和社会主义者。作为一位经济学家，帕累托最大贡献在于对生产理论和福利经济学的创新。他继承了洛桑学派旗手——里昂·瓦尔拉斯的“一般均衡”理论，并在此基础上提出了自己关于衡量社会福利水平的一些概念。

帕累托最优(Pareto Efficiency 或 Pareto Optimum)就是以这位经济学家的名字命名的，它是微观经济学特别是福利经济学常用的一个概念。帕累托最优化有三个基本假定：(1)只有自我选择的偏好才被当做个人的偏好或个人福利的尺度(依流行的说法：个人是他的福利的最好的评判者)；(2)社会福利由社会的每个个人成员(小孩和疯子除外)的福利组成，并且除了包括社会的个人成员的福利之外不包括其他东西；(3)只有对资源一致的重新配置才被当做是社会福利的改

知识点击

洛桑学派是提倡以数学为分析工具对经济进行研究的学派，是19世纪70年代初以倡导边际效用价值论和边际分析为特点的边际效用学派的分支之一，其主要代表有英国的杰文斯、法国的瓦尔拉斯和意大利帕累托。

善。帕累托发现，在这三个基本假定的基础上，当任何一个人在不损害他人福利的前提下无法再进一步改善自己的福利时，群体的资源配置就达到了最优，这一状态他称之为“最适当的程度”，也就是我们今天说的“帕累托最优”，即在帕累托最优时，每个人的福利状况达到符合道德标准(不损人利己)下的最大化。

我们举个生活中的例子，苹果与梨的组合来说明什么是“帕累托最优”吧。假设，小李手上有10元钱，到超市买了10个苹果，到家后发现，第一个苹果对她而言是最好吃的，越到后面越没什么新鲜味儿，想换个梨尝尝。这也就是我们常说的“物以稀为贵”。在经济学上，我们称之为“边际效用递减”，也就是每个苹果带给小李的福利(或效用价值)是递减的。如果此时，小王恰好有10个梨，而他同样发现梨太多了，想换个苹果吃吃。这时，小李找小王进行交换时，交易便顺利达成。第一次交换时，小李愿意用2个苹果换1个梨，即此时2个苹果的价值与1个梨的价值对小李来说是等同的；第二次交换时，小李只剩下8个苹果了，她开始觉得苹果的好处了，第八个苹果的价值上升了，不再等于1/2个梨的价值了，她要求1个苹果换1个梨；随着苹果数目的减少，每个苹果的边际效用递增，1个苹果换2个梨，3个梨……。同样，对于小王，梨的交换价值也是随着数目减少而递增。从2个梨换1个苹果，到1个梨换1个苹果，再到1个梨换2个苹果、3个苹果……我们把意愿进行重合，可以发现，在小王愿意的情况下(即不损害小王利益的情况下)，小李的效用最大化组合是8个苹果，3个梨，这就是小李帕累托最优状态的苹果与梨的组合。同理，可以求出小王帕累托最优状态的苹果与梨的组合为8个梨，3个苹果。

以上是一个简单化的例子。事实上，在现实生活的方方面面，帕累托最优理论都在指导着我们前进的方向，我们的生活就是向帕累托最优努力的一个拼搏过程。

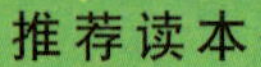

《政治经济学理论》是杰文斯以主观心理分析为出发点，以效用论为基础，以数学分析为工具，从人的欲望满足出发来论述其主观效用价值论的主要经济著作，是边际效用学派的分支。它是杰文斯从经济学最基本的范畴“效用”入手，充实了“效用递减规律”，是马歇尔创立新古典经济学的重要理论来源。

马歇尔的《经济学原理》

——划时代著作

自从1890年马歇尔出版《经济学原理》以来，马歇尔的经济学在英国经济学界占统治地位达40年之久，直到1936年以后，才被他的学生凯恩斯的经济学说所取代。因马歇尔连同他的门徒都先后在剑桥大学任教，故被称为剑桥学派，其弟子著名的有庇古、罗宾逊、凯恩斯等人。

剑桥学派又被称作“新古典学派”，因为西方经济学家把马歇尔的《经济学原理》看做是与斯密的《国富论》和李嘉图的《政治经济学及赋税原理》齐名的“划时代”著作，是对古典经济学的继续和发展。

知识点击

均衡价格理论（价值理论）。这是马歇尔的经济学说的核心和基础。在价值决定问题上，认为供给和需求共同决定价值。他把需求和供给具体化为用货币表现的需求价格和供给价格，并引导出均衡价格。均衡价格分为三类（通过时间长短）：①长期的“正常价格”，供给起主要作用。②暂时的“市场价格”，需求起主要作用。③短期的“次正常价格”，供求起对等作用。

阿尔弗雷德·马歇尔(1842～1924)出生于英国西部克拉芬的一个中产家庭，年青时笃信宗教，酷爱数学。中学毕业后，就读于牛津大学。1861年进入剑桥大学圣约翰学院学习数学。1865年毕业后留校任研究员，转修物理，兼教数学。在这期间，他深受达尔文《物种起源》和斯宾塞《第一原理》的影响。1868～1877年，任剑桥大学圣约翰学院道德哲学特别讲座讲师，主要讲授讲座的经济学部分。在此期间，他曾赴德国研究康德哲学和黑格尔的历史哲学，并接触到了德国历史学派罗雪尔的经济学。回国后又研究了约翰·穆勒的《政治经济学原理》，从此学术兴趣主要转向研究经济学。1877年离开剑桥大学到布里斯托尔大学任院长兼经济学教授。1883到1884年接替牛津大学逝世的著名经济史学家A.汤因比任牛津大学巴利奥尔学院讲师，讲授经济史。1885年又回剑桥大学任经济学教授，长达23年，直到1908年退休。

▲如趋光的萤火虫一样，很多人聚集在克雷莫纳这个花园寻找着乐趣，因此这个花园持续35年生意一直很兴隆，后来由于忍受了长时间喧闹的当地居民怨声载道，于1877年被关闭。马歇尔认为追求满足是经济行为的动力，而避免牺牲则会制约经济行为。

马歇尔的主要著作是1890年出版的《经济学原理》。马歇尔的经济学说具有折衷主义的综合理论体系的特点。在20世纪60～70年代，英国经济学界分成不同的派别。以约翰·穆勒为首的一批人，打着李嘉图学派的旗号，主张生产费用(劳动)决定价值，而以杰文斯为代表的边际效用学派则主张最后效用决定价值，两派在较长的时期中争论不休。马歇尔则以边际效用论为基础，把争论双方的观点加以折衷，集合各种新旧经济理论建立了他的“均衡价格论”。

马歇尔把政治经济学改称“经济学”，抹掉了“政治”一词。他认为经济学应该是“超政治”的关于社会经济生活的“纯科学”。他同奥地利学派一样，也把经济学说成是一门研究人和财富的关系的科学。他所要研究的是人，主要是指支配人的经济行为的动机，即人的心理。马歇尔经济分析的一大特点就是强调心理分析。他把人类的心理动机归纳为两种形式：即“追求满足”和“避免牺牲”。前者是促成人的经济行为的动力，后者是制约人的某些经济行为的阻力。人的一切经济行为都是由这两种动机所支配，以这两种动机为基础的。他用这两种心理动机来解释商品和各种生产要素的需求和供给。他认为人的动机不能直接衡量，但是它的结果可以间接地用货币来衡量。

马歇尔还注意运用达尔文的进化论来分析社会经济问题。因此，社会达尔文主义也是其经济理论的依据。他把经济学看做是一种“经济生物学”，是广义生物学的一部分，认为人类社会与生物界有共同之处，支配生物发展的规律也适用于人类社会，如自然进化规律、生存竞争规律等也都是人类社会经济发展的规律。他认为，生物的发展只有渐进，没有飞跃，故“经济进化是渐进的……它的前进运动决不是突然的。”所以，他把“自然不能飞跃”作为他《经济学原理》一书的题词和“研究经济学的基础”。

推荐读本

《物种起源》第一次把生物学建立在完全科学的基础上，以全新的生物进化思想，推翻了“神创论”和物种不变的理论。《物种起源》是达尔文进化论的代表作，标志着进化论的正式确立。尽管也有缺陷与不足之处，但它无疑是一本划时代的科学巨著，是科学领域中的一场大革命。

马歇尔还强调用局部均衡的方法分析相反经济力量之间的关系。他把力学中的均衡概念引入经济学，提出了一种静态的、机械的、局部均衡的分析方法，来说明各种经济指标的数量是通过有关要素边际增量变动达到均衡的。他的所谓均衡，就是指相反力量(作用力和反作用力)所形成的均势。他虽然认为应更多地注意动态的一般均衡，但又强调应首先着重进行静态、局部均衡的分析，也就是微观静态经济分析。

马歇尔在经济学史上的贡献是进一步推进了边际效用原理，提出了供求的边际增量分析和供求的弹性分析，并在英国古典经济学的基础上，吸收和综合了之前和同时代各派的经济学说，建立了“局部均衡”的理论体系，较好地描述了微观经济生活中的各种现象，提供了最优化资源配置以及实现有关经济要素均衡的原则，从而为当代西方微观经济学奠定了基础。

延伸阅读

时代的需要

马歇尔所处的时代是西方主要资本主义国家向垄断资本主义过渡的时代。在英国，周期性的经济危机经常威胁着资本主义经济的正常运行。在国外，德国和美国工业的迅速发展，很快成为英国在国际贸易上的有力竞争对手。往日素有“世界工厂”称号的英国，如今经济实力已相对削弱，英国的统治阶级为了保障其国内外的经济地位，加强资本主义经济的发展，迫切需要一种新的经济学说来为他们自己服务，马歇尔的经济学说就是为了适应这个新的需要而产生的。

庇古

——“福利经济学之父”

马歇尔之后，他的学生庇古对他的理论作了重大的发展。这主要表现在庇古提出了福利经济学的基本概念和原则，成为西方“福利经济学之父”。

阿瑟·塞西尔·庇古(1877～1959)是马歇尔的学生，剑桥学派主要代表人物之一。他对马歇尔经济学的发展在于创立了福利经济学。庇古毕业于剑桥大学，最初两年研究历史，第三年受马歇尔的鼓励研究经济学。1901年开始讲授经济学，成为马歇尔经济理论的阐释者。1908年，庇古年方31岁，继马歇尔担任剑桥大学经济学讲座的教授，为剑桥历来经济学讲座中的最年轻的教授。庇古担任讲座达35年之久，直到1943年退休。

马歇尔的理论虽然早已略具雏形，但剑桥学派的形成却是同庇古的宣传和发扬光大分不开的。庇古对马歇尔推崇备至，宣称“所

▶工人排队领取福利救济。

有的理论均包含在马歇尔的理论文中”，认为谁要在理论上走入迷途，必然是由于误解了马歇尔，或是忽略了他的“经典著作”中的某些重要部分。庇古指责凯恩斯对“老恩师马歇尔缺乏支持”，严厉地批评了凯恩斯的《就业、利息和货币通论》中的基本观点。

◀美国妇女展示她们的社会保险卡。罗斯福总统为保障美国公民的社会福利，引入了养老保险、失业保险和事故保险。

庇古的主要代表作是1920年出版的《福利经济学》，该书是由1912年出版的《财富与福利》修订和扩充而成。《福利经济学》在作者生前共出了4版，最后一版的出版时间是1952年。此书的价值在于开创了西方福利经济学的体系，庇古因此被称为“福利经济学之父”。

福利经济学的特点是从福利的观点对经济体系的运行进行评价，它以一定伦理价值判断为前提；被认为是一种“规范经济学”。这里所说的价值判断，主要是指对人类经济行为的“是非善恶”作出伦理学方面的评价。

庇古1933年还发表了《失业论》一书。该书无视刚刚结束的经济危机的现实，坚持新古典学派的传统，认为在自由竞争条件下，通过供求规律的自动调节可以达到“正常”就业水平，社会只存在“摩擦失业”和“自愿失业”。凯恩斯的《就业、利息和货币通论》一书，在很大程度上就是针对《失业论》而写的。

在庇古的《福利经济学》一书出版前，杰文斯在其出版的《政治经济学理论》一书中就已提出，政治经济学应当研究边沁的功利主义学说，用它作为判断是非的标准。后来，马歇尔在《经济学原理》中，又在均衡价格论的基础上论证了资本和劳动利益在劳动生产率增长条件下的协调，并提出了国家需要照顾低收入阶层的主张。庇古继承和发展了他们的这些思想。在《福利经济学》第三版序言中写道：“经济学家努力进行复杂的分析，不仅仅是精神的训

> **知识点击**
>
> 新福利经济学是根据帕累托的效用序数论和瓦尔拉的一般均衡论，并运用数学表述方法，提出了"最优条件"、"福利标准"的"客观检验"等的理论。同时，把福利和经济理论广泛应用于制定价格、产量、收入分配、赋税、对外贸易以及"福利国家"政策，使福利经济学成为适应国家需要的全面干预国民经济生活的政策理论。

练，而且是改善人类生活的工具。环绕着我们的贫困和肮脏，富有家庭有害的奢侈，以及笼罩许多贫苦家庭的可怕的不安全感——这些都是不容忽视的罪恶。而应用经济科学的知识它们是可能加以控制的"。庇古主张国家应当关心贫穷问题，应当采取适当措施致力于福利的增加。但他的福利经济学仍然是以马歇尔的完全竞争的经济理论为前提和基础的，因此，庇古的福利经济学可以看成是剑桥学派经济理论在一个特定领域的应用和推进，是马歇尔经济理论的发展。在庇古之后，福利经济学在西方得到了很大的发展，被称为新福利经济学。

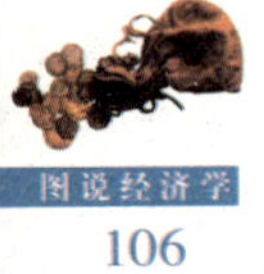

第五章

凯恩斯主义

——20 世纪 40～70 年代

凯恩斯革命序曲

——罗斯福新政

▲富兰克林·罗斯福像

“凯恩斯革命”是继“边际革命”以后在经济学史上发生的又一次革命，标志着古典经济学向现代经济学转换的最终完成。这次革命的序曲则是美国1933年的罗斯福新政。

1933年初期，在一片萧瑟凄凉的危机惨状中，罗斯福接任美国总统。一进白宫他就要求国会授予“紧急全权”，并宣布实行“新政”。“新政”之新就在于它在相当程度上摆脱了传统自由放任的经济政策，国家开始对经济进行干预。

罗斯福就职后第三天，便宣布所有银行停业整顿，禁止兑换和出口黄金。在10天内，经过财政部的审查，分期分批地使各银行重新开业，并由联邦储备银行和复兴金融公司加以支持和资助。这使得挤兑基本停止，银行存款增加，黄金陆续回到联邦储备银行手中。1934年初，美国宣布实行黄金储备本位制，将一盎司金价固定

▶1929年11月初在纽约切尔西银行门口挤兑的人群。

◀1929～1933年经济危机期间混乱景象。

为35美元。不久，又制定了《1935年银行法》，将货币、信贷的管理权集中到联邦政府手里，结束了美国原有的自由经营银行制。

在农业方面，新政通过国家干涉来减少生产过剩，增加农民收入。政府与农民合作，通过签订协定，由农民承担缩小耕地面积、限制上市量的义务。政府则承诺收购部分剩余农产品，以稳定价格，并给农户以限产补贴、出口补贴和经营贷款。农民收入得到了逐步提高。到1935年，美国农民的农业净收入已经比1932年增加了1.6倍。

进行社会改革中最具有代表意义的是全国性社会保险制度的建立，这使新政沿着“福利国家”的道路向前迈进。没完没了的救济工作不是好的办法，它给经济背上了沉重包袱。而社会保险业则是一人有难众人帮的好办法，能较好地消除社会生活中不安定因素的困扰。1935年，美国国会通过了第一个《社会保险法》，到1939年全国性的失业保险、养老金和对儿童、妇女、病残者的救济制度逐步形成。社会保险制度有助于在危机期间保持一定的社会购买能力，早日摆脱危机。

延伸阅读

罗斯福的实验

罗斯福在竞选运动初期说：“这个国家需要大胆的坚持不懈的试验，选择一个方法并且将其付诸实施。如果它失败了，就坦率地承认并再实验另一种方法，最重要的是要进行某种尝试。”

“要使美国恢复繁荣”。

——罗斯福的竞选格言

新政的推行，对于解救经济危机，促使经济复苏，减少失业人数确实收到一定的“疗效”。然而，它只是一种治标性的应急措施，“疗效”毕竟有限，更不可能从根本上克服资本主义经济危机的不治之症。但是，罗斯福果断用政府干预的“烈药”去抢救垂危的痼疾“患者”，挽回了资本主义在经济危机不能自拔的颓势，在资本主义经济危机史上是没有先例的。

由于“新政”没有一套成体系的理论作为基础，其应急措施也没有系统化并提高到政策的高度，这就呼唤着新的理论。于是，凯恩斯便以“新政”为先导，于1936年出版了他的代表作《就业、利息和货币通论》，提出了就业一般理论及其政策措施，同传统的自由放任学说针锋相对，被他的信徒们称为“凯恩斯革命”。

理论的准备

——“投机家”凯恩斯

约翰·梅纳德·凯恩斯(1883～1946)，著名英国经济学家。出生于一个学者与文官相结合的家庭，父亲尼维尔·凯恩斯曾任剑桥大学伦理学讲师、大学部注册科主任、剑桥大学地方考试委员会秘书。母亲弗洛伦斯·布朗曾任剑桥市参议员和市长。凯恩斯原本热衷于政治事务，曾官至英国财政部的执行秘书长。在第一次世界大战结束后召开的巴黎和会中，他虽以英国财政部首席代表的身份参与会议，却无力影响《凡尔赛和约》的内容，并对在和约达成过程中的各种政治交易深以为耻。于是，他不仅愤然辞去财政部的职务，重返剑桥大学，而且撰写了《和平的经济后果》(1919年)一书，向世人揭露和约的真相，批判英、美、法等国的最高首脑。《和平的经济后果》的出版使凯恩斯成为一位世界级的“公共人物”并受到高度的评价，以至于1923年被提名为该年度诺贝尔和平奖的候选人。此书也使他在其后的几年中遭到官方集团的为难和排斥，但却由此促成其人生道路上的转折点。他不再向往仕途，而是把主要精力转向指导时事问题与潜心研究经济学问题。重返剑桥大学执教以后，尽管他热情地投身于教学工作并乐在其中，但战时在财政部的实践工作经验使他逐渐认识到，欧洲经济所遇到的各种麻烦并非完全是出于政策的错误和愚蠢，而是由于自由交换制度中深藏不露的痼疾造成的。于是，他积极着手设计良方，以期这一良方在治愈资本主义的主要缺陷之后永世长存。他深信自己能够发现新的真理。

为了实现这一神圣的使命，凯恩斯需要有足够的收入，实现经济独立以免受制于政府和各种利益集团。1908到1914年他不得不含辛茹苦地执教，讲授经济学原理、货币理论、货币市场与外汇、公司财务和证券交易等课程，成为“几乎纯粹是按小时出售经济学的一架机器”。后来，他决心不再去干仰薪糊口的苦差，也自信自己具有证明这种经济独创性的能力。于是，他开始了一项新的事业——投机。

1919年8月，他利用从家人那里借来的数千英镑，开设了一个外汇投机账户，开始进行大量的期货买卖。其经营范围包括美元、法国法郎、德国马克、里拉和荷兰盾。他持续不断地进行交易，每数日即有大宗买卖。按他自己的说法，最初进行外汇投机是作为一种消遣，但更希望从中获利，也许还有一层深藏的动机是想验证自己的知识和判断能力。最初，凯氏的外汇投机活动给他以极大的惊喜，到1920年2月初，他的法郎交易已获约2.2万英镑的红利，抵消美元交易中8000英镑的亏损之后，还是有一笔较大的净利。

然而，投机市场所固有的不确定性要远远大于其他市场。即使是像凯氏这样在实践方面有丰富经验的经济学家，也逃不脱这种不确定性设下的陷阱。紧接而来的3个月中，凯氏预期

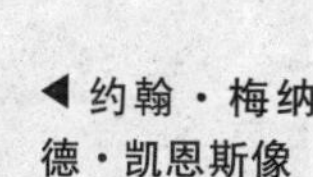

◀约翰·梅纳德·凯恩斯像

▼巴黎和会是第一次世界大战后帝国主义的分赃会议，帝国主义战胜国都企图借此机会掠夺战败国，抢占弱小国家的丰富资源，以扩大自己的势力范围，凯恩斯作为代表无力影响结果，深以为耻。

美元升值和马克贬值的金融投机遭到重创。到1920年5月底，凯氏几乎陷于破产，仅仅4月、5月两个月，他就亏损了1.3125万英镑。他在道义上负责其一部分投资的一家小公司也亏损8986英镑。以前的投机收入包括保证金在内，一扫而光。他开设账户的公司责成他支付7000英镑，否则就吊销他的账户。时值艰难之际，一位与他并没有密切关系的金融家伸出援助之手，提供5000英镑贷款，让他清偿债务。至于其余债务的清偿，用的是他的思想杰作的报偿——《和平的经济后果》的稿酬。

名人点评

他的逝世使英国失去了一位非常伟大的国民。他是一位天才，作为政治经济学家，他的思想影响遍及全世界，不仅对专家，也对普通民众。

——伦敦《泰晤士报》

但是，这次挫折并没有击垮凯恩斯。他对自己的理解力深信不疑。除继续介入外汇市场之外，到1920年底，他开始对棉花的期货市场发生兴趣，并于次年初开立这种商品的账户，进行大笔买卖，随后扩大到铅、锡、铜、锌、橡胶、小麦、糖、亚麻仁油和黄麻的交易，最后拓展到证券市场。所有这些交易，都是建立在他对左右市场的一般力量的深入研究基础上。在这期间，凯恩斯的理性终于把握住了不确定性的奥秘，投机大获成功。据估算，到1924

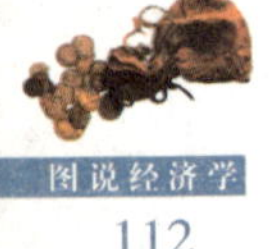

年底，在扣除其大量透支之后，他的资产总值为5.7797万英镑，这还不包括他所购买的藏画和书籍。

◀伦敦市的新证券交易所，这里吸引着英国各个阶层的人来进行投资。

当然，凯恩斯本人的资本和受他操纵的那些机构的资本都遭到1929～1933年的大萧条的极大冲击，但其后却都获得巨大的成功。到1937年初，他的个人资产总值已经达到50.645万英镑。之后，由于受病痛折磨他退出了投机活动。不过，这已经足够了。他似乎是很轻松地赚到这笔巨额财富的：每天早晨坐在床上花大约半个小时来研究《金融时报》上的信息，仔细地审察所买证券的资产负债表，运用他在财务方面拥有的专业知识，反复推敲所获信息的含义并作出自己的决策，如此而已。

君子爱财，取之有道，用之亦有道。凯恩斯通过自己的努力达到了经济上的独立地位，实现了自己的初衷，不受约束地追求真理。的确，凯恩斯之所以能够写出《就业、利息和货币通论》(1936年)这一20世纪最伟大的经济学著作，多亏有衣食无忧的物质基础。他之所以能够在各种政治经济政策上毫无忌讳地批评当政者，不献媚于权贵，皆因不用怕政府施以“饥饿”政策。即使在其晚年他重返财政部，并作为英国的使臣6次出使美国，也不曾领受分文的薪水。不仅如此，智者是无需用金钱来装饰自己的。以当时人们的收入情形而论，凯恩斯算得上是一位真正的富翁，但他一直过着俭朴的生活，对自己长期选择的生活方式甘之如饴，但又绝非葛朗台式的角色。他在购买书画、支持各种慈善事业方面毫不吝啬。他在自己积蓄甚微时对患难之中的朋友慷慨解囊，富有之后依然如故。

凯恩斯的《通论》

——经典著作

▲凯恩斯《就业、利息和货币理论》中的中心思想有两个，其中之一是宣称当时的失业理论是毫无价值的胡说，工资非常低并不能消灭失业，因此将失业者困境归咎于失业者自身是居心险恶的。危机来临，许多美国人只能靠领救济金维持生活。

1936年凯恩斯出版了《就业、利息和货币通论》(以下简称《通论》)，此书介绍了凯恩斯主义的基本原理，成为西方经济学中的经典著作。

《通论》一书是1929～1933年资本主义世界经济大危机的产物。他的就业理论体系和政策主张是资本主义制度进入高度垄断阶段以后，为了适应由私人垄断资本统治转变为国家资本主义这种迫切需要而产生的。

这次经济大危机极度深刻、广泛和持久，使它具有极大的破坏力。一方面，商品充斥，生产工具大量闲置和毁灭；另一方面，却有成千上万失业者陷入饥寒交迫的悲惨境地。资本主义社会面临“全部毁灭”的危险境地。

面对这一空前严重的经济大危机，当时占统治地位的边际主义没能经得起考验。他们在理论上不能自圆其说，在政策措施上显得束手无策，一筹莫展。

边际主义即新古典经济学认为：由于经济局部或偶然失调，均衡受到破坏，通过市场作用的自动调节，均衡就可以得到恢复。在这个定律的基础上，经济危机被认为是从均衡破坏到均衡恢复之间的过渡性衰退。因此，经济危机不会十分严重，也不会持续很久。当时的美国总统是胡佛，由于胡佛奉行的是剑桥学派的理论，所以，他始终坚持用传统的办法来解决当时经济大危机，把措施严格

推荐读本

瓦尔拉斯的《纯粹经济学要义或社会财富理论》共8篇，第一篇为对象篇，阐述经济学对象。第二篇和第三篇为商品交换篇，研究消费品和消费服务的价格决定问题。第四篇和第五篇为分配和再生产篇，研究资本形成和固定资产的价格决定问题。第六篇为流通篇，研究流通资产的决定问题。第七篇为发展篇，研究经济发展的决定因素。第八篇为非完全竞争篇，研究垄断和国家赋税对价格形成的影响。

地局限于金融领域，拒绝对其他经济领域采取干预政策，结果什么问题也没有解决。实践表明，过去的老办法已经失灵，资本主义社会的经济发展的理论非改弦更张不可了。从而宣告了新古典经济学自由放任经济理论的破产。从此，这一学说便由长期兴盛转而衰落，由原来在官方经济决策方面长期处于指导思想的崇高地位退居“冷宫”，信徒大为减少，从而处于少数派的弱小地位。这样，就需要一种新的资产阶级的经济理论来代替它，这个理论就是我们经常说到的凯恩斯主义。

《通论》的核心内容是有效需求理论。有效需求不足原理是对总需求恒等于总供给传统教条的否定。凯恩斯认为不是供给决定需求，而是需求创造自己的供给。这一说法被一些西方学者称之为“凯恩斯定律”。凯恩斯认为有效需求一般是指有支付能力的需求，他考察的是社会的总需求，他是用总供给函数和总需求函数的交叉点来加以说明的。其含义是指商品的总供给价格和总需求价格达到均衡状态时的总需求，即总需求和总供给相等时的社会总需求。有效需求决定社会总就业量和产量水平，而有效需求的直接决定因素是消费和投资。

▼1930年一幅漫画抨击胡佛的《家业减负计划》，画中胡佛被描绘成稻草人，端着一把枪赶走艰难岁月，以此讽刺政策的不合理性加速了经济危机。

《通论》的目的就在于诊断危机和失业的根源，并提出相应的救治之策。他认为危机和失业主要起因于私人投资和消费不足而造成的有效需求不足，那么政府就应实施一系列旨在提高有效需求的政策。即通过刺激和鼓励消费来提高消费需求。他又认为，消费倾向是相对稳定的，危机与失业主要是由于投资需求不足造成的。因此，他呼吁国家负起投资之责，实行投资社会化，同时加强对通货的管理，通过降低利率的政策，增加投资需求。

《通论》被西方经济学者誉为一场像哥白尼在天文学上，达尔文在生物学上，爱因斯坦在物理学上一样的革命。是20世纪“对社会经济政策最有影响的一本书”，并把此书比之于斯密的《国富论》、李嘉图的《政治经济学及赋税原理》，也有把它和马克思的《资本论》相提并论，认为“马克思的著作是对资本主义的尖锐批评，而凯恩斯的著作是摒弃自由放任的基础。”

凯恩斯定律

——有效需求

硅谷，一个仲夏的夜晚，灯光射在茶室外安静的绿色草地上。有两位经济学家一边喝着豆奶，一边讨论他们共同感兴趣的话题：网络股泡沫何时破灭。这是纳斯达克股灾发生前两个月的事情。当

▶位于旧金山以南75千米的硅谷是美国电子科技行业的大本营。它在1950年随着电子计算机的问世应运而生。是由斯坦福大学实验室演进而来的电子高科技园区，目前已成为全世界发展速度最快、规模最大的高科技和微电子科研产业区。

◀罗斯福政府为扩大政府支出，修建了一批大型工程以提高就业，图为1937年修建的金门桥，耗资达300万美元。

时他们讨论的结论是：如果美国的需求结构不能及时跟上投资结构的变化，风险投资的失败将是必然的，反之，网络股就赢了。

虽然谁都没有准确预测到纳斯达克突变的具体时间，但他们预见到了后来变化的真正的原因。他们是基于一个很简单的推理：网络股如果破灭，将会是因为什么？因为不能赢利。不能赢利意味着什么？意味着用户的有效需求不足，掏不出钱来买你的东西。

那么什么是有效需求不足？早在20世纪30年代，凯恩斯就以当时的大危机为背景，提出了“有效需求原理”。凯恩斯的门徒们认为凯恩斯在理论上的最大贡献就是提出了“有效需求理论”，这是凯恩斯就业理论的逻辑起点，也就是就业理论的实体和基础。只有首先明确地理解了这个原理，才能进一步了解凯恩斯理论体系的各个组成部分及其相互关系。

有效需求原理的主要内容是：总就业量决定总需求；失业是由于总需求不足造成的。有效需求不足原理是对总需求恒等于总供给传统教条的否定。凯恩斯认为不是供给决定需求，而是需求创造自己的供给。这一说法被一些西方学者称之为“凯恩斯定律”。

根据这一原理，凯恩斯认为，国民收入和就业量由有效需求决定，后者又由消费和投资构成。消费决定于收入和消费倾向，后者决定于资本边际效率和流动性偏好。由于边际消费倾向和资本边际效率都是递减的，而流动性偏好又使得利率的降低有一定的限度，所以，消费需求和投资需求相对于国民收入的供给来说都是不足的。

由于总需求不足，商品滞销，存货充斥市场，引起生产缩减，解雇工人，造成失业。当就业量增加时，收入也增加。社会实际收入增加时，消费也将增加，但后者增加不及前者增加那么多。这就使两者之间出现一个差额。总需求由消费需求和投资需求两者组成。因此，要有足够的需求来支持就业的增长，就必须增加真实投资来填补收入与由这一收入所决定的消费需求之间的差额。换言之，在消费需求已定的情况下，除非投资增加，否则就业是无法增加的。这就是有效需求原理的核心。

如何增加投资需求？凯恩斯认为，除非政府实行扩张性的宏观经济政策来刺激总需求，否则，有效需求不足必然导致普遍生产过剩的经济危机和大量的非自愿失业。

投资作为对资本物品的需求，是由对消费品的最终需求派生出来的，归根到底取决于消费需求的状况。因此，经济危机的根源还在于消费需求的不足。消费需求为什么会不足？凯恩斯归因于消费倾向递减。但消费倾向为什么会递减呢？既然经济危机乃有效需求不足所致，那么解决危机的办法自然是扩大有效需求。如何扩大有效需求呢？刺激消费和投资固然可以，但效果有限，最有效的办法还是扩大政府支出，为此又必须实行赤字财政政策。

凯恩斯医治经济危机的处方，许多经济学家都进行过评价。认为这个处方第一，只能是治标的办法，不能治本。第二，这种方法在短期内可以一用，如果长期采用，会产生很大的副作用，使财政赤字越来越大。而弥补财政赤字无非两种办法：或者发行货币，或者发行国债。采用第一个办法的问题是会导致通货膨胀；采用第二个办法的问题则会导致国债规模不断膨胀。虽然《通论》仍不能解决资本主义存在的问题，但凯恩斯作为经济学家无疑是最杰出的。

知识点击

纳斯达克（NASDAQ）是美国全国证券交易商协会于1968年着手创建的自动报价系统的名称。纳斯达克的特点是收集和发布场外交易非上市股票的证券商报价。它现已成为全球最大的证券交易市场。目前的上市公司有5200多家。纳斯达克又是全世界第一个采用电子交易的股市，它在55个国家和地区设有26万多个计算机销售终端。世人瞩目的微软公司便是通过纳斯达克上市并获得成功的。

相对收入说

——消费比较

杜森贝里的相对收入说则从两个方面来解决短期和长期消费函数之间的矛盾。杜森贝里认为，个人消费行为不是一个独立的行为，而是相互联系、相互影响着的，即在人们的消费行为中还存在一种消费的互相模仿和攀比现象。这种影响作用称为示范效应。

让我们通过一个故事，来看看这种消费的互相模仿和攀比现象吧。

杰克和吉姆是邻居，杰克比吉姆大10多岁。他们在青壮年时，两人收入相当，消费水平也十分接近，甚至连所购买的物品也大致相同。例如，一次，杰克买了一辆红色跑车，叫吉姆去观赏。吉姆看了后默默无言，第二天他也买了一辆红色跑车。不久，吉姆买了一架高级摄像机，便兴高采烈地叫杰克去欣赏，杰克看了看，试了试，觉得不错，于是第二天他也买回了一架高级摄像机……就这样，你来我往，两家的消费品的数量和质量几乎不相上下，并且银行储蓄也基本相当。

10多年后，杰克退休了，靠退休金维持家庭生活，而吉姆却

▼当一个英国人初至巴黎，他必须尽快寻找裁缝、鞋匠及其他手艺匠，以求达到外在衣着上的一致。模仿是人的本性，图为一些外国旅行者身着巴黎服装在巴黎皇家画廊散步。

推荐读本

IS—LM曲线是莫迪利亚尼在20世纪40年代的重大贡献。他首创消费“生命周期假说”。这个学说认为，个人或家庭的消费和储蓄水平，不仅决定于其现期收入，更重要的是决定于其劳动收入和财产收入的预期长期收益。这意味着，个人或家庭的消费和储蓄水平决定于他们在其生命周期中所处的阶段。

仍在一家高科技公司工作，每月收入不菲。这时，两人在生活方式上有了较大的区别。吉姆在工作之余常常和朋友去看看电影，跳跳舞或者去高级的餐厅美餐一顿。而杰克则只是每天看看书，看看电视节目或者出去散散步。

有一天晚上，吉姆吃过晚饭就在房子外面闲逛，这时杰克正在房子外面浇花。于是吉姆就走过去和杰克聊聊。

“嗨，杰克，你好，你每天都这样浇浇花，看看电视，生活不觉得闷吗？”

“呵呵，还好，我已经习惯这样的生活啦。”杰克一边浇花一边答道。

“杰克，最近有部不错的电影要举行首映式，我们一起去看看怎么样？”吉姆觉得自己应该帮帮邻居，让他的生活更丰富一点儿。

听到这样的话，杰克停下了手中的活儿，想了想对吉姆说：“谢谢你啦，有时候不是我不想出去，而是这些东西对我来说实在是有些贵啊。” 杰克顿了顿接着说道：“吉姆，你想现在一场电影的票价是10美元到25美元，而我一个月的退休金只有800美元，有时不够花还要从银行里取一些存款出来。一场电影的票价相对于我的收入来说，所占的比例太大了。而你的收入一个月是我的五六倍呀，同一张电影票，在你的收入中所占的比例就要比我少得多。所以，嘿嘿……”杰克没有再说了，他又低着头干起活儿来。

这个故事反映了不同年龄时期家庭消费的变化。对此经济学家杜森贝里进行了深刻的分析。他指出，一个人或家庭的平均消费倾向不仅取决于家庭收入的绝对水平，还取决于其他家庭收入的水平是否变化。假设社会的收入分配是相同的，每一个家庭的收入都以相等的比例进行增加，同时每一个家庭的财产也按相等的比例增长。此时，每一个家庭在收入等级上的相对地位保持不变，它的消费同其他家庭的平均消费保持不变，储蓄倾向也保持不变。如果收入的分配发生了变化，一些家庭收入保持不变，而其他家庭收入相对提高了，这些收入未变的家庭相对于其他家庭的收入地位就有了变化，这就会导致这些收入未变的家庭增加消费，减少储蓄。

其次，现期消费不但受现期收入的制约而且受到前一时期收入高峰的影响。个人或家庭的消费随现期收入的增加而增加了。但在衰退时期收入下降，还企图维持较高收入时的消费水平不愿意降下来，这时就发生了负储蓄。消费的这种不对称变化会使长期消费倾向保持不变。

利息
——放弃流动偏好的报酬

凯恩斯认为，利息是放弃流动偏好的报酬。所谓流动性，就是指一种资产在不损害其原有价值的条件下，变成现金的难易程度。现金本身就是流动性最大的资产。他认为人们都偏好流动性，喜欢保存现金，即以货币形式保存自己的一部分资产——虽然这样做会牺牲利息或其他收益。人们既然在心理上有保存现金的偏好，现在要他放弃这种偏好，把现金贷给别人，就要支付利息以弥补他放弃流动偏好这种特性。因此，凯恩斯就首创利息是放弃流动偏好的报酬这一新概念。为了更深刻地理解这个问题，我们还是来读读下面这个故事吧。

◀ 凯恩斯认为利息是人们放弃保存现金的报酬，能给人们带来快乐，所以利率通常为政府所利用来调节社会储蓄与消费的关系，如20世纪末，中国政府为刺激消费而降低利率，取得了很好的效果。

某日，汤姆突然收到一封来自得克萨斯州的信。一位叫安德烈的律师要来纽约和汤姆面谈一些事情。汤姆并不知道发生了什么，因为自己从来没有到过得克萨斯州。几天后汤姆和这位叫安德烈的律师见面了，原来汤姆在得克萨斯州有一位从来没见过面的远房亲戚在上个月去世了，留下了数百万美元的遗产。由于他没有儿女只有汤姆这一位远房亲戚，所以这笔巨大的遗产就只有由汤姆来继承了。

汤姆面对这笔飞来的横财有点不知所措，在办完了一切手续之后，汤姆开始思考自己要怎样利用这一笔巨大的财富。

于是，汤姆便与妻子琳达一起商量该怎样来利用这样一笔钱的问题。

琳达略作思考后说："我们用这一笔钱买一个店面，开一家服装店吧，我听说现在卖高级时装非常赚钱！"

"不行，不行。"汤姆立刻反对说，"我们对时装行业一点也不了解，我们甚至不知道今年的流行趋势是什么。时装是个季节和时间都很强的东西，如果盲目地进货会卖不出去的，风险太大了。"

"要不我们把这笔钱花掉，享受享受吧！"汤姆提议说，"你看，我们一直住在这样一间破破烂烂的小房子里，家里也没什么值钱的

▲由于《银行保密法》颁布，瑞士银行业十分发达，瑞士人的储蓄率十分高，这为瑞士的发展奠定了基础。

家具，更没有一台像样的电器。我们到富人区去买一套大一点的房子，把各种电器买回来，再买上一辆轿车，我们就可以过上美好的生活了。”

汤姆接着说道：“我们还可以用这笔钱去世界各地旅行，可以去欧洲、非洲、亚洲，你想去哪儿都可以！你说好不好啊？”

汤姆的妻子听了后，想了想说：“这样不好，钱会越用越少，我们现在的情况只要能有一些改善，我就很满意了。我看还是把这笔钱存在银行里吧，存入银行可以得到一笔可观的利息！”汤姆听后也觉得可行。于是他们就把这一大笔钱存入了银行，按月支取利息。

在凯恩斯看来，汤姆按月领取的利息，就是放弃了准备用这笔钱开时装店、买新房、出外旅游等流动偏好而得到的一份报酬。

投资

——利率与实际GDP

投资，是总需求中一个重要的组成部分，尽管投资在总需求中占的比例没有消费那么大(通常在15%左右)，而且投资的波动相当大。但引起经济中波动的关键因素是投资的波动，因此，投资理论在宏观经济学中是相当重要的。

投资，包括企业固定投资(企业购买厂房、设备等的支出)、居民住房投资(人们通常把购买住房作为消费支出，但经济学家强调，居民购买住房不是一种消费行为而是一种投资行为，因此，这一部分支出应归入投资之中)和存货投资(未售出的制成品，作为下一阶段生产投入的半成品和原料等)。从整个经济来看，决定投资的因素很多。例如，人们对未来的预期、政府的政策等。这里我们重点分析决定投资的两个因素：利率与实际GDP水平。

投资量与利率之间的函数关系叫投资函数。在影响投资的各种因素中，利率是一个极其重要的因素。因为投资的目的是为了获得利润，或者准确地说是扣除各种投资成本之后的纯利润。利息是主要的投资成本，因为一般投资都要靠贷款，贷款要支付利息(即使是自有资金不支付利息，也仍然有作为放弃的利息的机会成本)，而利率的大小决定了投资成本，从而也就决定了一笔投资所能得到的纯利润。利率越高，投资贷款所支付的利息就越多，投资的纯利润就越少。

投资函数说明了投资支出与利率之间的这种反方向变动关系，即在其他条件不变的情况下，利率越低，投资支出越多；反之，利率越高，投资支出越少。利率变动会引起投资多大变动可以用投资的利率弹性(即投资变动对利率变动的反应程度，可以用投资支出量变动百分比除以利率变动百分比来计算)来表示。投资的利率弹性越大，则一定百分比利率变动引起的投资支出变动越大；投资的利率弹性越小，则一定百分比利率变动引起的投资支出变动越小。

决定投资支出的另一个重要因素是实际GDP。因为实际GDP越高，所需要的投资越多；反之，实际GDP越低，所需要的投资

▼巴拿马运河是连接太平洋与大西洋的海上交通要道，由美国1903年开始投资修建，在此后的几十年里为美国获得巨大的利益。

▲这幅墨西哥壁画用夸张的手法描绘了早期的资本家为了追求利率而不惜一切手段进行贸易掠夺的场景。

越少。投资与实际GDP之间的关系可以用加速原理来说明。加速原理分别由法国经济学家阿夫塔里昂和美国经济学家克拉克提出，这一原理说明了投资与实际GDP之间的依存关系，强调了投资变动率取决于实际GDP变动率。增加的投资与增加的实际GDP之间的比例称为加速数。加速的含义就是投资变动大于实际GDP变动。由此可以推导出，要使投资率保持不变，实际GDP必然保持一定的增长率。尽管加速原理的前提是技术不变，即没有考虑技术进步因素，但在实现了充分就业，即资本设备得到充分利用的条件下，加速原理在现实中是发生作用的，这一点对解释许多宏观经济现象是极为重要的。

投资是现期支出，而在未来将得到收益。未来会有许多不确定因素，因此，投资者对未来的预期对投资也有重要影响。所以，凯恩斯用“本能冲动”(或译为“动物本能”)来解释投资者对未来预期所引起的情绪变化及其对投资的重要性。

“经济人”的追求

——利益最大化

▼每个人都在衡量自己的付出与回报，以使自己的利益达到最大化。

一次，某市汽车客运公司司机在行车途中与一路霸发生争执，路霸将其砍伤，事后还耀武扬威地说：“捅你两刀，不也就是花俩儿钱给公安么！”后来司机伤势严重被送往医院。当该汽车公司领导到派出所了解情况时，警务人员果真有意袒护，居然连路霸姓名都不告知。

与此同时，车上十几位乘客亦无一人愿意出来指证。获悉此事的人无不叹息世风日下，道德沦丧，人性竟麻木到如此地步！

其实，用经济学方法对这一现象加以分析，人们就不会觉得奇怪了。按照西方“经济人”理论，个人从事活动的动机是自利的，这种自利行为源于个人自身内在的生物学和心理学动因。“经济人”能够根据具体的环境和自身经验判断自身利益，使自己追求的利益最大化。如“经济人”追求“财富最大化”、追求“利润最大化”等。近20年来，许多西方学者认为“经济人”追求的是效用最大化，不仅仅包括物质的效用，也包含心理上的效用。这种效用不仅仅局限于利润、财富，而是包含了道德、正义等以前被人们视为伦理学范畴的“非理性”行为的内容。

为什么社会道德中主张人们有正义感，对“人性麻木”感到痛心与悲哀呢？这可以从两方面加以解释：其一，是合理预期。在“经济人”的假设前提下，人们对正义感的推崇归根到底是为了自己的生活质量能够提高，在他们的理性预期之中，一个有良好治安的社会环境比一个毫无公平与正义的社会环境能给他们带来更多的效用，至少他们的财产安全系数会更大一些，而且由于正义得到认可，会有更多的社会公众维护他们的生命财产不受侵犯。其二，正义感也是效用的组成部分。正义感是道德满足感的内容之一，大多数人的内心也是有正义感的。人们提倡社会公正与正义，希望所有违法乱纪的行为均能受到制裁，社会公德与正义在最大范围内得到伸张，这的确是人性追求精神高尚的一种反映。

◀**美国的西进运动**

人们在权衡了可能的风险与收益之后，纷纷进军开发西部。

运用经济学中成本—效益的分析方法，当乘客们遇到文中开头讲的情况时，他们会权衡自身的成本与收益，依据净效用而作出决策是否指证路霸。效益是上述两方面的内容，即治安环境的改善以及因为社会正义得到伸张而带来的精神上的愉悦，甚至还包括可能获得的奖励等。成本则是可能带来的麻烦，包括花费时间与精力配合公安人员调查、有可能遭到路霸的报复等。人们权衡收益与成本，从而得出净效用。若此效用为正，毫无疑问人们会站出来指证路霸，若此效用为负，那么人们只会选择三缄其口，“麻木”对待了。

对净效用的影响，制度因素在其中起了一个至关重要的作用。在一个违法必究、执法必严的制度环境下，出来指证

—— 推荐读本 ——

《正义论》是约翰·罗尔斯的代表了迄今为止现代西方思想界有关正义的最系统的论述，包括了以社会正义为核心的论法学，特别是他着重分析社会制度的正义而不是像一般的正义学说那样强调个人的正义，他的伦理学理论体现着一种高度的虚拟性和现实性的结合，努力表现一种全面和综合的倾向，具有理论上的包容性和灵活性。

不会给乘客带来太多的利益损害，而且正义能够较好地被国家机器——警察、军队维护，对个人来说其收益大于成本，乘客由此会选择前者，即站出来指证“路霸”，让其受到法律制裁。而在一个“花俩儿钱”就能买通执法部门、违法者逍遥法外的环境下，乘客的正义感不但不能被认同，反而还可能要付出巨大的个人成本，即遭到报复。乘客除非出于非常巨大的、超常的正义感或社会责任感，即“道德满足感”这一项远远大于零，否则在权衡利弊的前提条件下，是绝不会站出来指证的。所以，物质文明与政治文明、精神文明是相互促进的，要实现“经济人”的利益最大化就必须处理好“三个文明”的关系，加强“三个文明”建设。

效率与公平

——做蛋糕与分蛋糕

美国当代著名哲学家、伦理学家罗尔斯曾经讲了一个分蛋糕的故事：

几个人要求分一个蛋糕，假定公平的划分是人人平等的一份，那么什么样的程序将给出这一结果呢？我们把技术问题放在一边，明显的方法就是让某一个人来划分蛋糕并得到最后的一份，其他人都被允许在他之前拿。他将平等地划分蛋糕，因为这样他才能确保自己得到可能有的最大一份。

分蛋糕的故事被演绎成各种版本：分粥的故事、分面条的故事、分苹果的故事……。分粥的故事：假定有7个人组成的小团体，他们每个人都是平等的，但同时又是自私自利的。他们想通过制度创新来解决每天的吃饭问题，要在没有计量工具或有刻度的容器的状况下分食一锅粥。大家发挥聪明才智，试验了很多种办法，多次博弈后形成了以下诸种规则：

规则一：指定一个人负责分粥事宜，成为专业分粥人士。很快大家发现，这个人为自己分的粥最多，于是又换一个人。结果，总是主持分粥的人碗里的粥最多最好。权力导致腐败，绝对的权力导致绝对的腐败的规律在这碗稀粥中体现得一览无余。规则二：指定一个分粥人士和一名监督人士。起初比较公平，但到后来分粥人士与监督人士从权力制约走向“权力合作”，总是分粥人士与监督人士分的粥最多，这种制度失败。规则三：谁也信不过，干脆大家轮流主持分粥，每人一天。这样等于承认了个人有为自己多分粥的权力，同时又给予了每个人为自己多分粥的机会。虽然看起来平等了，但是每人在一周中只有1天吃得饱而且有剩余，其余6天都饥饿难挨。大家认为这一制度造成了资源浪费。规则四：大家民主选举一个信得过的人主持分粥。这位品德属上乘的人开始还能公平分粥，但不久以后他就有意识地为自己和溜须拍马的人多分。大家一致认为，不能放任其腐化，还得寻找新制度。规则五：民主选举一个分粥委员会和一个监督委员会，形成民主监督与制约机制。公平基本上做到了，可是由于监督委员会经常提出各种议案，分粥委员会又据理力争，等分粥完毕时粥早就凉了。此制度效率太低。规则六：对于分粥，每人均有一票否决权。这有了公平，但恐怕最后谁也喝不上粥。规则七：每个人轮流值日分粥，但分粥的那个人要最后一个领粥。令人惊奇的是，在这一制度下，7只碗里的粥每次都是一样多，就像用科学仪器量过一样。每个主持分粥的人都认识到，如果7只碗里的粥不相同，他无疑将享用那份最少的。这就是规则，规则的确至关紧要，它比技术更重要。规则是人选择的，它是不断博弈与交易的结果。

▼美国艾利斯岛在17世纪曾是荷兰人的野餐胜地，在以后的200多年里，填海造陆，大大扩大了岛屿面积，成为移民美国的主要关口。美国在200多年的发展里形成了一个移民大国，多种文化融合冲撞，对每个个体而言都以保护个人利益为第一原则。

这故事告诉我们，收入分配涉及到效率与公平的关系，既包括如何把蛋糕做大，又包括如何使蛋糕分得更平等一些。按市场原则分配有利于每个人有效地利用和配置自己包括劳动在内的资源，从而有利于效率的实现。对于公平却有不同的理解：结果公平论强调收入分配平等化；过程公平论强调权力的平等与竞争过程的平等；我们则强调效率优先，兼顾公平。因为，分配的基础是生产，没有经济的发展一切都谈不上，平等也只是“共同贫穷”。但任何一个政府都要用收入分配政策来纠正收入差距过大的现象。因为这不仅有助于公平这一目标的实现，而且也有利于社会稳定和经济发展。

推荐读本

梅奥的《工业文明中的生活问题》是一部著名的著作。其基本思想如下：1.职工是“社会人”，必须首先从社会心理方面来鼓励工人提高生产率。2.企业中除了“正式组织”之外，还存在着“非正式组织”，企业管理当局要充分重视非正式组织的作用，以提高工作效率。3.依据“社会人”和“非正式组织”的观点，企业中的新的领导能力在于提高职工的满足度，以提高职工的士气，从而提高劳动生产率。

萨缪尔森

——用教科书引导几代学子

▶萨缪尔森像

萨缪尔森是美国当代著名经济学家，新古典综合学派的代表人，美国的凯恩斯主义者，1970年诺贝尔经济学奖获得者，成为美国经济学家中问鼎这项学术界最高奖项的第一人。

保罗·安东尼·萨缪尔森1915年出生于美国印第安纳州加里市一个波兰裔家庭。17岁进入芝加哥大学学习。1935年，进入哈佛大学研究生院，1936年，获得了哈佛大学文学硕士学位。1941年，获哈佛大学哲学博士学位。同年，受聘到美国资源计划局工作。在未毕业之前，哈佛大学经济学系即有意聘请萨缪尔森担任教师，但遭到部分教员反对。就在此时，同处坎布里奇的麻省理工学院(MIT)向他抛来了橄榄枝。于是，1940年萨缪尔森前往麻省理工学院，担任经济学助理教授。从此以后，萨缪尔森一直任教于麻省理工学院，始终未曾见异思迁。1945年，在美国战时生产局和战争动员重建办公室任职，并担任美国财政部经济顾问。同年任弗莱契法律与外交学院国际经济关系教授。1947年麻省理工学院提升他为经济学教授。同时，美国经济学会吸收他为会员，并授予他克拉克奖章，成为该项奖励的首位得主。1951年他出任美国经济计量学会会长。1959年至1960年，被任命为美国总统事务委员会调查咨询小组顾问。1960年，被美国总统肯尼迪任命为总统调查咨询顾问和美国国家计划局经济顾问。1961年再次出任美国财政部经济顾问。

从1961年到1970年的十年间，如日中天的萨缪尔森一共获得了七个荣誉博士的头衔和三块荣誉奖章。在许多荣誉中最使他激动的是他在1970年成为诺贝尔经济学奖得主。荣誉就这样纷至沓来，萨缪尔森笑称："如果有银河经济俱乐部，大概也少不了我一席之地。"

延伸阅读

萨缪尔森的综合

在萨缪尔森《经济学》出版之前，许多西方经济学教科书都把马歇尔为代表的传统经济学作为自己的理论体系。以马歇尔为代表的传统经济学把单个消费者、单个厂商和单个行业作为分析的出发点，而凯恩斯主义是用大量的总量概念，比如消费、投资等来对经济学进行研究。因此，人们将这二者分别称为"个量分析"和"总量分析"，而萨缪尔森《经济学》的经济体系则是萨缪尔森所谓的"后凯恩斯主流经济学"，在该书中，萨缪尔森将这二者结合起来，自成一派。

萨缪尔森敏捷的思维、广博的知识及实干精神，赢得了哈佛大学经济学权威人士阿尔文·汉森教授的青睐。凯恩斯《通论》发表后，美国许多主流经济学者对凯恩斯的学说大感兴趣，萨缪尔森的导师汉森便是其中的一个。汉森原来反对凯恩斯的国家干预政策，提倡"自由放任"，后来转而成为凯恩斯主义在美国的传播人，把凯恩斯主义移植到美国。在汉森的影响下，萨缪尔森纵观凯恩斯主义的形成和发展，感到确有可研究之处，于是师生协作，不断宣传凯恩斯主义，并对它做了进一步的补充。这样，汉森和萨缪尔森便成为凯恩斯主义在美国的代表和权威。汉森从此被誉为“美国凯恩斯”，而萨缪尔森对凯恩斯主义所作的贡献又远比他的老师大，更是以凯恩斯学派中坚的面目出现。于是，长久以来由英国人统治的经济学界的衣钵流传到美国，为高举凯恩斯主义大旗的萨缪尔森所继承。

1948年秋，萨缪尔森发表了他最有影响的巨著《经济学》教科书。这本书一出版就立即脱销。许多国家的出版商不惜重金抢购它的出版权，并被立即翻译成日、德、意、匈、葡、俄等多种文字。该书对经济中的三大部分——政治经济学、部门经济学、技术经济学都有专门的论述，读过这本书的人们都看到他从宏观经济学到微观经济学，从生产到消费，从经济思想史到经济制度相比前人都有新的创见。

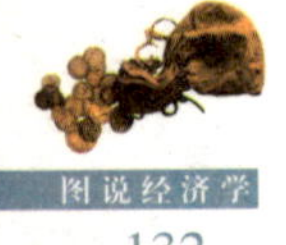

这部著作在内容、形式的安排上可谓是匠心独具，他在每一章的开头加上历代名人的警句，言简意赅地概括全章的主题，使读者不像是在啃枯燥的理论，而像是在读一部颇具文学色彩的通史。这一巨著的发行，为普及、推广其理论创立了良好的条件。正如他在第16版《经济学》序言里所说的那样：尽管在当时，人们还是普遍认为，一个有前途的学者是不应该去编写教科书的，特别是编写大学本科一二年级学生的基础性教科书，通常只有受雇佣的文人们才会那样去做。然而，由于我当时已经发表了很多学术论文，声望和前程等都允许我有比较多的选择自由，来积极响应麻省理工学院经济学系主任关于编一本新教科书的倡议。在那以前的好时光里，我曾趾高气扬，甚至不无狂妄，但毕竟不过是孤芳自赏而已。不过我还是看准了时机：经济学研究的权威早就应该回到普及性的教育事业中去”。

名人点评

此书除在编写体例方面突破了前人此类著作的模式外，其特点不在于理论内涵之有何创新，而在于它所涉及的理论范畴丰富和精深，成为西方经济学名著之一。

——胡寄窗

下一代人将跟随萨缪尔森来学习经济学。

——加尔布雷思

中国广大读者一般是从《经济学》一书开始熟悉萨缪尔森这个名字的。对于萨缪尔森的行文特色，有人做过这样的评论：“萨缪尔森的写作风格，常常与众不同，耐人寻味，具有幽默、精彩而风趣的特征，并且同时也体现了一位献身于科学的导师在对待概念时那种一丝不苟的严谨态度。”

1998年，也就是萨缪尔森首版《经济学》发行50周年，第16版《经济学》问世了。在这50年里，萨缪尔森的《经济学》早已经成为世界各地经济学专业的首选教科书和重要的理论指南，先后被译成43种文字，在不断的及时修订中，始终保持着学术的活力与生命力。1948年，《经济学》首次发行的时候，“宏观经济学”一词甚至还根本没有出现在词典里，而在1998年的第16版中，新补充了“经济学与因特网”、“环境经济学”、“开放经济宏观经济学”等鲜活的内容。正是由于萨缪尔森始终把经济学看做“一个活生生的不断发展的有机体”，才使他的《经济学》能够不断满足经济学界迅速变化的前沿需求，“挺立于时代的潮头和经济学的锋刃之上”。

推荐读本

曼昆的《经济学原理》在内容上主要介绍了经济学的十大原理，曼昆运用它们对贸易、供求关系、消费与生产、企业行为和行业组织，劳动力市场以及宏观经济学理论进行阐述。这十大原理是：

一、人们面临交替关系。二、某种东西的成本是为了得到它而放弃的东西。三 、理性人考虑边际量。四、人们会对激励作出反应。五、交换能使每个人的状况更好。六、市场通常是组织经济活动的一种好办法。七、政府有时可以改善市场结果。八、一国的生活水平取决于它生产物品与劳动的能力。九、当政府发行了过多货币时，物价上升。十、社会面临通货膨胀和失业之间的短期交替关系。

萨缪尔森的《经济学》在注意及时修正有关内容的同时，并没有忘记强调他的经济学的核心理论，他认为“支持整个经济学的还是一些基本概念”，这些基本概念例如：稀缺、效率、贸易收益和比较优势原则等，决不会随着时间的推移而减少自身的重要性，正如他所说的：“我们强调基本的经济学原理，它们比今天报刊上的头条更持久。”

格林斯潘

——“他一打喷嚏，全球都得下雨”

格林斯潘是美国联邦储备委员会主席，并且已经连续四次出任此职，历经里根、老布什、克林顿、小布什四任总统，目睹几番人事浮沉，他却一直“我自岿然不动”，成为左右美国乃至全球经济的重要人物。

艾伦·格林斯潘，1926年3月6日出生在纽约市曼哈顿，可以说是一个典型的“纽约人”。1945年入纽约大学攻读经济学。在此期间，他几乎泡在宏观经济学、微观经济学、动态经济学、美国经济史、经济思想史、统计学、高等数学……的学科中埋头苦读。1948年，以“最优异成绩”获得纽约大学的经济学学士学位。接着便马不停蹄，攻读硕士学位和博士学位。说起来有趣，格林斯潘从小学到中学，从大学本科读到硕士、博士，前前后后读了20年书，但求学的地点都不出曼哈顿，方圆不过3公里。

在这时，他遇到了战后初期对美国经济学界影响最为深远的经济学家汉森——美国第一代凯恩斯主义者。格林斯潘一如既往地努力学习，在汉森的课上表现出色，成绩优异。然而意味深长的是他并没有像当时的大多数进入经济学领域的学子那样，在这些凯恩斯主义者的老师的教导下，顺理成章地被教育为一个凯恩斯主义者。在他一生的思想倾向上，对经济自由主义的信奉，才是真正的始终不渝。

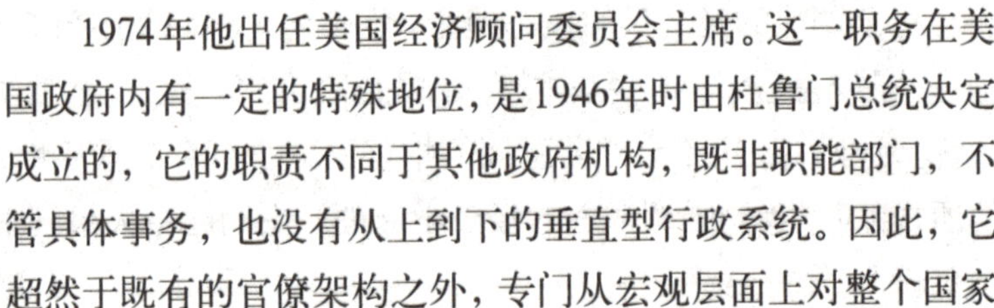

1974年他出任美国经济顾问委员会主席。这一职务在美国政府内有一定的特殊地位，是1946年时由杜鲁门总统决定成立的，它的职责不同于其他政府机构，既非职能部门，不管具体事务，也没有从上到下的垂直型行政系统。因此，它超然于既有的官僚架构之外，专门从宏观层面上对整个国家经济的大趋势进行研究与预测，对联邦政府的计划能否最大限度地促进就业进行评估，向总统提出“全国性的经济政策，以鼓励和促进自由竞争，避免经济波动，缩小经济波动所造成的影响，并维持就业水平、生产力和购买力”。总统每年1月向国会提交的经济报告，主要就是依据经济顾问委员会提交的资料来起草的。经济顾问委员会是总统在经济方面的一个微型智囊，总共只有3个人，由总统提名，经参议院批准。其中主席一职，还担任总统对国会和公众的“经济政策发言人”这一个角色。至于其余两个顾问，都必须由有建树的著名经济学家担任，如

▲艾伦·格林斯潘像

▲纽约曼哈顿 这里是世界经济贸易的中心。

格林斯潘任职期间，他所率领的两名委员就是著名的经济学泰斗米尔顿·弗里德曼(1976 年诺贝尔经济学奖得主)和西奥多·舒尔茨(1979年诺贝尔经济学奖得主)。由此可见，这个经济智囊是何等“超级”。事实上，在白宫内部进行经济决策的主脑有三个，分别是总统经济顾问委员会主席、财政部长和联邦预算局局长，被称为“三驾马车”。三人定期举行碰头会，交换情况，沟通意见，协调立场。除了“三驾马车”，还有所谓的“四人会”，就是以上三人再加上联邦储备委员会主席。

1987 年 6 月 2 日，里根正式任命格林斯潘出任联邦储备委员会主席，自此，格林斯潘被誉为权力仅次于美国总统，而事实上权力更甚于总统的人。格林斯潘出掌联邦储备局以来，多历风雨，但至今都能一一安然渡过。“当……时”和“目前”的对比，进一步显示“金融舵手”熟练掌控利率的降低和提高，不仅繁荣经济还缓解人们对经济的担心。

1987年10月19日，格林斯潘上任伊始就碰上了著名的“87股灾”。虽然当时不少人预言，美国乃至整个西方国家将重蹈1929~1933年经济大萧条的覆辙，但格林斯潘当机立断，一反上任时提高

名人点评

美国总统跺跺脚，打颤的不过是白宫；可格林斯潘一打喷嚏，全球都得下雨了。

——蒙代尔

利率，紧缩货币的做法，放松货币供给，使该危机的影响迅速消除。

1989年，轻松处理了美国的“储蓄贷款危机”。

1995年1月，墨西哥爆发金融危机，格林斯潘积极支持白宫，挽救墨西哥比索。

1997年夏季，东南亚金融危机震动全球，并有蔓延至美国之势，格林斯潘从9月到11月，连续三次下调利率，舒缓美国及全球应付危机的压力，并牵头出资，挽救“长期资本管理”基金。

2001年1月，面对美国“新经济”的增长步伐急剧减缓的情况，格林斯潘一个月内两次大幅度调低利率，以避免美国经济硬着陆。

他从最小的细节开始，如库存量、产品交货时间等，研究许多数字，直至看到大轮廓的出现。他的一位朋友曾略带夸张地说：“格林斯潘是这么一种人，他知道1964年出厂的雪佛莱轿车上用了多少个平头螺栓，他还知道如果拔去其中3个将会对国民经济造成什么影响。”

这是什么意思？首先，这位美联储主席尽管经验仍然欠缺，但却从不受任何人控制，也不领任何人情。其次他的视野远远超过了政治家的视野，因为政治家最远只能看到下一次选举。格林斯潘经常不厌其烦地讲：我们的目的是获取最大程度的可持续性增长。

随着格林斯潘的努力，美国的经济状况日益好转。1999年初，美国经济以5%的年增长率发展，而失业率跌到了28年的最低点。这样一来，他每说一句话人们就越加关注。连稳重成熟的人们也开始从这位麻脸主席的讲话、证词和态度中寻求潜台词：他会干什么？他不会干什么？

格林斯潘对美国经济的贡献是有目共睹的。他以往立下的汗马功劳虽已成为历史，但也是不可抹煞的。根据一份向全美 400多个资深高级主管的调查显示，格林斯潘的支持率高达97%，而即使是在经济学界，对他也是好评如潮。弗里德曼一向反对美联储，认为其对美国经济没有任何正面作用，然而他在一次演讲中，仍然称格林斯潘的表现“超过以往任何一位美联储主席”。

第六章

货币主义

——1970年以后

弗里德曼

——货币主义的代表

▲弗里德曼像

一个问题："钱重要吗？"

或许，没有人会给出否定的答案。

但他说，钱不但重要，而且至关重要。

他是守财奴？他是吝啬鬼？NO！

是他，掀起了"货币主义的反革命"，取代了凯恩斯宏观经济思想；

是他，挥刀斩断了在经济学界横亘已久的"菲利普斯曲线"；

是他，撰写了著名的《自由选择》，被里根总统称为"每个人必读之书"；

是他，把处于"异端"的货币学派推上了西方宏观经济学主流的地位；

是他，这位身高只有5英尺2英寸的经济学教授，却是货币主义经济学的领袖，诺贝尔经济学奖的得主。

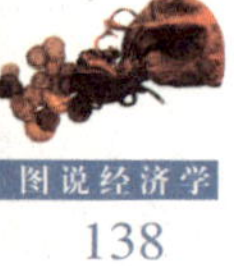

米尔顿·弗里德曼（1912～　　），

1912年出生于美国纽约，

1932年毕业于拉哲斯大学，

1933年获芝加哥大学硕士学位，

1946年获哥伦比亚大学博士学位，

1948年任芝加哥大学教授，

1967年曾担任美国经济学会会长，

1976年由于他在"消费的分析和货币的历史与理论方面的成就，以及他论证了稳定经济政策的复杂性"而被授予诺贝尔经济学奖。

这就是他，米尔顿·弗里德曼。

历史似乎有意为凯恩斯创造了弗里德曼这位与他有许多明显相似之处的对手：丰富的学术著作，广泛的兴趣爱好，对货币理论的关注，对既成体系的挑战才能；出众的口才，敏锐的头脑，令人瞩目的个人魅力和国际地位。这一切都为货币主义与凯恩斯主义长达30年之久的论战增添了许多戏剧性色彩。无论如何，凯恩斯的“凯恩斯革命”与弗里德曼的“货币主义反革命”都将成为交相辉映的千古绝唱。

1948年，弗里德曼任芝加哥大学教授，“幸运”降到了他的头上。当时国家经济研究所负责人米切尔因为年老体迈，不得不停止其对美国经济周期的后续研究工作。他的接班人伯恩斯为了继续他未完的事业，不得不把米切尔的研究项目分为专题，分派给其他人进行研究。是弗里德曼也是货币主义的“幸运”，弗里德曼接受的专题正是研究美国的货币史。随着研究工作的开展和深入，弗里德曼渐渐发现，货币主义是他宣传自由经济主张、对抗凯恩斯革命的最佳武器。同时，他对货币理论及其重要性的认识也日益深刻，而货币主义的迅速崛起，除了经济形势的改变这个宏观条件外，弗里德曼所作的努力是无人可以取代的。

▼1950～1953年的朝鲜战争使得美国国内经济问题严重。

弗里德曼与现代货币主义，宛如传说中的勇士与神剑，两者的结合势必引起经济学界的一场大革命。1951年，美军在朝鲜战场遭受重创，战火的硝烟也为美国本土带来通货膨胀的压力。面对急剧增加的军事开支，弗里德曼发表《对货币政策的评论》一文，坚决反对联邦储备体系过往的利率政策，在继续为“单一规则”游说的同时，他呼吁人们对货币政策给予高度的重视，但当时对凯恩斯主义，他还是持“温和地批评”的态度。

随着形势的发展，美国通货膨胀的情况还是不断恶化，由弗里德曼发起的“对凯恩斯

▶20世纪70年代的经济危机，各国的失业人数剧增，造成大量的罢工事件，而凯恩斯主义并不能解释这一现象。

革命的反革命”也正式展开了。1956年,《货币数量论:一种重新表述》的发表,标志着现代货币数量论的崛起。所谓的“重新表述”，主要体现在货币需求问题与早期货币数量说和凯恩斯主义的货币需求说都不同,弗里德曼认为货币需求由恒久性收入决定，而且相对稳定。

1963年，他在美国经济研究所对美国货币史的研究结出了硕果——由他与安娜·施瓦茨合著的《美国货币史:1867～1960》出版，它被认为是弗里德曼最重要的学术著作。在此书中，弗里德曼通过对历史数据的研究和分析,对货币供应量与宏观经济的关系进行了更深入系统的阐述。弗里德曼在此书中试图推翻凯恩斯关于1929～1933年大萧条原因的分析,他指出,并非像凯恩斯解释的那样——大萧条是因为投资相对不足引起的,而是由于美国货币政策错误,使得原来小规模的经济衰退演化成一场恶性灾难,这从一个侧面证明了货币政策的重要性。

一套理论，总不可避免地带着某个时代的烙印。在20世纪60年代末70年代初的经济危机中，凯恩斯主义政策长久以来的隐患恶化，通货膨胀与经济停滞并发。这种凯恩斯主义无法解释的“滞涨”现象的发生，使弗里德曼自50年代以来，强调货币因素重要性的呼声引起了广泛的注意，并逐渐被接纳、认可和发展，最终由“异端邪说”登上了正统经济学的宝座。现代货币主义以货币数量论为基本立足点,高度强调货币在经济运行中的重要作用,主张采取控制货币数量的金融政策以消除通货膨胀，保证经济正常发展。用通俗的话来表达，他们认为“钱”在经济中“至关重要”，要通过控制“钱”来控制整个经济运行。

1976年的一个早晨，弗里德曼正准备为平衡预算和限制支出的国家宪法修正案作巡回演讲。到达底特律的一个停车场时，弗

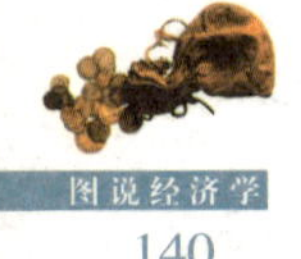

里德曼打开车门发现那里有众多的记者和工作人员。正当他为修正案居然引起如此的轰动感到惊讶时，一个记者就将麦克风伸到他面前：

“请问你对获奖有何看法?”

“什么奖？”

“诺贝尔奖。”

弗里德曼着实意外了一回。当经济学界的最高桂冠戴到了这位经济学家头上时，最后一个知道这个消息的，竟然是他本人。

知识点击

菲利普斯曲线是英国人菲利普斯以英国近一个世纪（1861～1957）的经济数据为依据得出的一个纯粹统计方面的看法，即失业率和工资变化速度（也可以理解为通货膨胀）可以互相替代。具体地讲，就是工资增长速度加快时，失业率就会下降。凯恩斯的经济政策设计，虽然在菲利普斯曲线产生以前，但却以通货膨胀与失业二者之间可以互换为暗含条件。

诺贝尔奖的获得，不但是弗里德曼个人的荣耀，也表明了弗里德曼的理论已在社会上得到了广泛的承认，货币经济学已经被推上了正统经济学的地位。但是对于记者的提问，他的回答在外人看来却冷静得出奇。

“我更在意从现在起50年后我的经济学家同行如何评价我。了解经济学思想是了解一个经济学家的一部分，我们只是尝试管窥一下货币理论博大精深的思想内涵。”

货币数量论

——关闭货币水龙头

货币数量论是现代货币主义的基础。货币数量论是一种历史悠久的货币理论。这种理论最早由16世纪法国经济学家波丹提出，美国经济学家弗里德曼继承了这一传统，发展为现代货币数量论。这一理论的基本思想是：货币的价值(即货币的购买力)和物价水平都由货币数量决定。货币的价值与货币数量成反比例变动，物价水平与货币数量同方向变动。这就是说，货币数量越多，货币的价值越低，而物价水平越高；反之，货币数量越少，货币的价值越高，而物价水平越低。

根据货币数量论，货币对经济中的实际变量(国内生产总值、就业量等)并没有影响，而仅仅影响名义变量(物价水平、名义利率等)，这就是货币中性论。古典经济学家都信奉货币中性论。这样，他们就把经济学分为研究实际变量的经济理论和研究名义变量的货币理论，这种方法被称为“古典二分法”。英国经济学家凯恩斯打破了这种“古典二分法”，通过利率把实际变量与名义变量，实物经济与货币联系起来，从而得出了货币数量既影响实际变量，又影响名义变量的结论。这是经济学中的一个重大突破。那么，货币数量论完全错了吗?现代经济学家认为，在长期中货币数量论仍然是正确的，但在短期中凯恩斯的理论是正确的。这就是说，在短期中，货币数量的变动既影响实际变量，又影响名义变量，但在长期中，货币数量的变动只影响名义变量。换言之，在长期中货币数量决定物价水平，通货膨胀的唯一原因是货币数量的增加。

经济学家对货币数量论在长期中的正确性进行了检验。他们根据各国长期通货膨胀率和货币数量增长率之间的统计数字发现，这

▶1948 年 12 月，由于通货膨胀的失控，一大群市民拥挤到上海一家银行门前，准备把自己贬值的金圆券兑换成黄金，在6个月的时间里，物价翻了 8.5 万倍。

两者之间虽然不一定完全是同比例变动，但一定是同方向变动，而且相关性极高。从资料上看，总是货币数量变动在先，而通货膨胀变动在后，这表明货币量增加是原因，通货膨胀加快是结果。此外，对超速通货膨胀(每月通货膨胀率在50%以上)的研究表明，这种极为严重的通货膨胀无论在哪一个国家，在哪一个历史时期，毫无例外都是由于货币的迅速增加所引起的。货币量如此迅速增加的原因往往又是政府用发行货币来弥补巨额财政支出引起的财政赤字。正是在这种意义上，美国经济学家弗里德曼指出，通货膨胀无论在何时何地总是一种货币现象。因此，弗里德曼认为抑制通货膨胀的唯一方法是 “关闭货币水龙头”。

◀第一次世界大战以后，德国货币贬值，左图为儿童拿贬值的马克堆积木玩。

—— 推荐读本 ——

弗里德曼的《货币数量论—重新表述》在凯恩斯流动偏好函数的基础上作了些发展补充，建立自己的货币需求函数。货币需求函数是一个稳定的函数，是指人们平均经常自愿在身边贮存的货币数量，与决定它的为数不多的几个自变量之间存在着一种稳定的，并且可以借助统计方法加以估算的函数关系。

对长期物价水平、通货膨胀与货币数量之间关系的研究表明，治理通货膨胀的有效方法是控制货币量。在20世纪70年代，英国和美国都发生了高达10%以上的通货膨胀，正因为货币当局采取了严格的控制货币数量的政策，才在20世纪80年代初迅速有效地实现了物价稳定。同样，发生超速通货膨胀的国家也是用严格控制财政支出和货币数量的方法制止了这种通货膨胀，这正是货币数量论的政策含义。

国际货币体系

——黄金美元金本位制

货币本位是确定货币的基本单位及其价值的标准，也是一国货币制度的基础。根据本位制度制定的货币为本位货币，对本位货币的名称、材料、铸造、发行、兑换与流通等所作的有关规定被称为货币本位制度。其核心内容是规定本位币的币材。货币本位制度形成于铸币时期，总体上可分为两大部分：金属本位制度与纸币本位制度。前者与贵金属保持一定量的等值关系，后者则没有。

战后国际货币体系大致分为两个阶段。1944年7月，美英等44国在美国新罕布什尔州举行了联合国货币金融会议，会上确定了以美元为中心的国际货币体系(称为布雷顿森林体系)。这种制度的基本内容是：美元与黄金挂钩，确定美元与黄金的比价为35美元等于1盎司黄金。各国有义务协助美国维持美元官价，美国承担各国中央银行按官价兑换黄金的义务。其他各国货币与美元挂钩，即其他国家的货币与美元保持固定汇率。这种制度称为黄金美元本位

▶石油输出国组织1978年在阿布扎比召开会议的情景。石油输出国组织统一提高石油价格，从而导致了20世纪70年代西方世界的经济危机，从而导致了美元—黄金货币体系的终结。

制，又称国际黄金汇兑本位制。在这种制度上，美元成为与黄金一样的硬通货，各国实行的是固定汇率制，即一国中央银行规定汇率，并保持汇率基本不变，其波动保持在一定幅度之内。在这种汇率制下，中央银行固定了汇率，并按这种汇率进行外汇买卖。各国只有在国际收支出现根本性不平衡时，才能调整汇率，汇率波动超过1%时，各国中央银行有权自主调整，汇率调整超过10%时须经国际货币基金组织同意。这种固定汇率制度一直沿用到70年代初。这是战后汇率制度的第一阶段。

◀尼克松总统的新经济政策的实施，标志着布雷顿森林体系的崩溃。

20世纪60年代末期，美国通货膨胀加剧，多次发生美元危机，这种固定汇率制被动摇。1971年8月15日，美国宣布停止美元兑换黄金。同年12月根据西方10国达成的史密斯协定，美元贬值7.89%，即从一盎司黄金35美元贬为38美元，并将各国中央银行应干预的汇率波动幅度1%改为2.25%。1973年2月，美元再次贬值10%，每盎司黄金兑换42.22美元。从那时起，西方各国放弃了固定汇率制而采用了浮动汇率制，即一国中央银行不规定本国货币与其他国家货币的官方汇率，汇率由外汇市场的供求关系自发决定。浮动汇率又分为自由浮动与管理浮动。自由浮动又称清洁浮动，指中央银行对外汇市场不进行任何干预，汇率完全由市场供求自发决定。管理浮动又称肮脏浮动，指中央银行通过外汇买卖来影响汇率的波动，实行浮动汇率有利于通过汇率的波动来调节经济和国际收支。为了防止汇率过度波动给经济带来不利影响，各国中央银行也通过外汇买卖干预汇率。因此，在直到现在的第二阶段中，各国采用了管理浮动汇率制。

推荐读本

《价格理论》是弗里德曼在微观经济思想领域的全面展示，其内容绝大部分是在讨论最终产品价格问题，部分讨论分配理论。该书重点讨论了最终产品价格形成的理由，弗里得曼认为分配理论是定价理论的一种特殊情况，其实质内容决定于生产要素的定价。因此，要解释产品的市场价格，就必须对要素市场进行分析，这是他在本书中最根本的观点。

延伸阅读

黄金与货币

货币是伴随着生产力的发展、商品交换的产生而产生的，它的发展历程经历了商品货币、贵金属货币、信用货币这三个阶段，并且正在向电子货币等新的形态发展。黄金作为一种贵金属，因为它具有良好的稳定性、珍稀性，在历史上曾是最好的币材。在过去两百多年的时间里，黄金和货币的关系大致经历了四种形态的演变：银本位制、金银复本位制、金本位制、纸币本位制。目前实行的纸币本位制特点是中央政府和银行发行的纸币为本位币。

在浮动汇率制下汇率是如何决定的呢?用一国货币购买其他国家的货币是为了在其他国家购买物品与劳务，或进行投资，因此两国之间货币的汇率就取决于货币在国内的购买力。两国货币购买力之比决定了两国货币的交换比率，即汇率。但是，用购买力评价论解释汇率的决定与变动有一个重要的条件，即物品与劳务可以在全世界自由流动，这样流动的结果是同一种商品在所有国家的价格完全相同。这被称为单一价格定理。例如，如果A国和B国完全自由贸易，如果A国的电脑价格高于B国，就有人在B国买电脑运到A国去卖，这种套利行为最后必定使A国与B国电脑的价格完全相向。

然而，单一价格定理在许多情况下并不能成立。我们可以把物品与劳务分为可贸易物品与非贸易物品，例如，午餐这类物品和理发这类服务就是非贸易物品。人们不能由于昆明的午餐便宜纽约的午餐贵，而在昆明买午餐到纽约去卖，也不能由于北京理发便宜巴黎理发贵，而从巴黎跑到北京来理发。单一价格定理不适用于非贸易物品。

▶调节汇率已经成为各国对经济进行调整的重要手段。

即使对可贸易物品，单一价格定理也不完全适用，因为现实中由于运输费用、关税与非关税壁垒等因素限制了自由贸易。应该说，购买力评价论是决定汇率的基础，但现实中决定汇率的还有其他因素。

汇率的决定可以从即期与远期来考虑。即期汇率，即现在的汇率，是由外汇市场的供求决定的。如果对一国物品、劳务或资产的需求增加，需要用该国货币来购买物品、劳务或资产，对该国的货币需求增加，该国汇率就会升值。决定远期汇率的则还有预期等因素。从实质上说，汇率是一种价格，是两国货币交换的价格，所以，和其他物品的价格一样，可以用供求关系来解释。

可预期的通胀

——“多磨一点鞋底”

通货膨胀就是物价总水平持续上升，相反，物价总水平的持续下降就是通货紧缩。在法定货币流通的情况下，货币供给没有物质限制，通货膨胀成为各国都存在的现象。因此，通货膨胀是宏观经济学研究的主要问题之一。

通货膨胀的严重程度是根据通货膨胀率来确定的，通货膨胀率可以根据物价指数来计算。年通货膨胀率 =(今年的物价指数 − 去年的物价指数)/ 去年的物价指数。例如，假设 2000 年物价指数为 165，1999 年物价指数为 150，则 2000 年的通货膨胀率为:(165−150)/150=10%。

根据通货膨胀的严重程度，通货膨胀可分为三类：温和的通货膨胀、加速的通货膨胀和可预期的通货膨胀。

温和的通货膨胀，是指通货膨胀率低而稳定的通货膨胀。例如新加坡 1961～1994 年的 33 年间，年均保持 3% 左右的通货膨胀率，就属于温和的通货膨胀。因为在现实经济生活中零通货膨胀是难以实现的，即使实现了，也要以较高的失业率为代价，并不合适。所以，保持温和的通货膨胀也就实现了物价稳定。

加速的通货膨胀，是指通货膨胀率较高且不断加剧的通货膨胀。例如，中国20世纪80年代出现过的10%以上且每年加剧的通货膨胀就属于加速的通货膨胀。如果每个月的通货膨胀率都高达50%以上，这就是超速通货膨胀了。这种通货膨胀会引起一个国家金融体系甚至经济的崩溃。玻利维亚在20世纪80年代、南斯拉夫在20世纪90年代后期都出现过这种通货膨胀。俄罗斯和东欧国家在经济转型过程中也出现过这种通货膨胀。

可预期的通货膨胀，是指人们预期的通货膨胀率与实际发生的通货膨胀率(通货膨胀的预期值与实际值)相一致的通货膨胀。如果人们预期的通货膨胀率与实际发生的通货膨胀率不一致，这种通货膨胀率就是不可预期的。可预期的通货膨胀发生时会引起人们把手中持有的现金存入银行，等到通货膨胀率降低后再取出来使用。这就使得人们要多往银行跑几次，这种影响被形象地说成要“多磨一点鞋底”，所以称之为“皮鞋成本”。

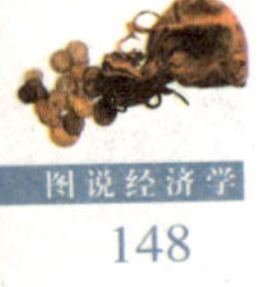

在这种通货膨胀发生时，如果实行工资指数化，即随通货膨胀

▶在经济发展中长期保持温和的通货膨胀，使得新加坡经济高速发展，造就了新加坡经济的繁荣。

率调整名义工资，还会产生通货膨胀税，因为这时起征点和税率都是按名义工资调整的。例如，起征点为1000元，1000元以上部分按10%征收所得税。名义工资为1000元时不缴税。如果发生了通货膨胀，通货膨胀率为10%，名义工资调整为1100元，这时超过1000元的100元征收10%的税，即10元。工人的实际工资减少了10元，这10元被政府以通货膨胀的形式拿走了，所以称其为通货膨胀税。可预期的通货膨胀尽管有这些不利影响，但总体上对经济的不利影响并不大。因此，人们可以根据通货膨胀预期值调整自己的经济行为，抵消这些影响。

不可预期的通货膨胀通常指加速的通货膨胀，这时如果通货膨胀的实际值大于预期值，对工人和企业而言，则工人受害而企业获益，因为这使工人的实际工资减少而企业的实际利润增加。

曾有些经济学家认为，通货膨胀对经济发展有某种刺激作用。而且，如果想利用通货膨胀刺激经济，将使通货膨胀失控，甚至会引起超速通货膨胀，使经济崩溃。在20世纪80年代的大部分时间里，阿根廷一直是一个典型的案例，年通胀率平均达到450%，尤其是在1990年初之前的12个月内其通胀率更是飙升至20000%。在这种情况下，经济活动的主要目的就只是避免通胀吞噬一切。作家V.S.奈保尔曾经访问了阿根廷，与一位具有远见卓识的幸存者、阿根廷商人约格进行了一番耐人寻味的交谈。约格告诉奈保尔：

"通胀使你终日战战兢兢。我们公司所在的产业只能给你4到5天的赊账；否则，在这样的通胀下，流动资本就会被扼杀。通胀的另一个负面影响是人们不再关心生产力乃至技术，而所有进步的秘密全在于生产力。但是，在世界任何地方，生产力的年增长不可能超过3%—4%。而在我国这样的通胀下，只要你知道应该在何时何地进行投资，那么一日之内你就可以赚取10%的利润(当然是名义回报而已)……保护你的流动资产比保护包括技术在内的长期目标更重要，尽管你希望两者兼顾。"

他接着说："这是通胀的不可避免的恶果，即货币疾病。你的钱分崩离析，就像癌症一样。"

他谈到人们害怕通胀时，悲哀地说："你得过且过。当通胀率超过每天1%，你别无选择。你放弃计划，只要可以支撑到周末就

延伸阅读

货币主义的由来

货币主义的思想渊源可追溯至古典经济学中的货币数量说。其核心论点是：物价水平的高低和货币价值的大小是由一国的货币数量决定的，物价水平与货币数量成正比变化，货币价值与货币数量成反比变化。"货币数量说"是古典经济学中很有代表性的理论，如休谟、李嘉图和约翰·穆勒都是典型的"货币数量论"者。

会感到满足。然后我就会待在贝尔格拉诺的公寓里阅读有关古代板球比赛的书籍。"

"人均而言，目前我们比1975年贫穷25%。真正的受害者是你看不见的穷人、老人和年轻人。他们被赶出大型火车站……那些人是阿根廷生活中的游民和弃儿，像大海的浪花。"

可喜的是，1989年卡洛斯·梅内姆当选阿根廷总统后，阿根廷的加速通货膨胀终于出现了一个充满希望的转机。他宣布了通过财政和货币政策反通货膨胀的计划。此外，他还支持许多以市场为导向的经济改革，包括在1991年初任命由哈佛大学培养的经济学家多明戈·卡瓦洛为经济部长。在20世纪90年代初期，通胀这匹脱缰的野马终于被降伏，通货膨胀率降为每年30%左右，真实GDP的年均增长达5%，比约格的想象要好得多。因此，现在许多国家都把稳定物价作为宏观经济政策的重要目标之一。

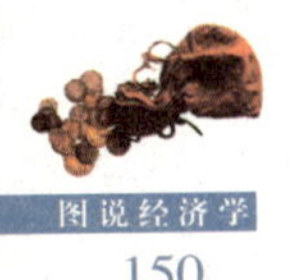

奥肯定律

——失业率与GDP的增长率

美国经济学家阿瑟·奥肯研究了美国失业率与实际GDP增长率之间的关系，并得出结论：失业率每上升1个百分点，实际GDP的增长率就下降2个百分点，这个结论被称为"奥肯定律"。"奥肯定律"说明了失业给实际GDP增长所带来的损失。

什么是失业?联合国国际劳工局曾给失业下了这样一个经典性定义：失业者是在一定年龄范围内，有工作能力，想工作，而且正在找工作，但现在仍没有工作的人。

失业有自然失业和周期性失业之分。

自然失业，是由于经济中一些难以克服的原因所引起的失业。这是一种任何经济都难以避免的失业，即正常失业。引起自然失业的原因很多。例如，工人嫌工资低而不愿意工作，劳动力正常流动，工作的季节性，制度的原因，技术变动，等等。其中最主要的是由于劳动力流动引起的摩擦性失业和制度原因引起的结构性失业。

摩擦性失业，是由于劳动力流动引起的失业。每一个人都想找到一个适合个人爱好与技能的工作，这就会使人们不断地辞去旧工作寻找新工作。产业结构的变动或某个地区的兴衰会迫使劳动力流动，衰落行业和地区的工人要找新工作。甚至个人为了与亲人在一起或住在更好的环境里，他们也会进行流动。这种种原因使劳动力流动成为一个经济的特征。例如，美国每年的劳动力流动为17%左右。在劳动力流动中，无论由于什么原因，离开旧工作找到新工作之间总需要一段时间。在这段时间内这些流动的人就成为失业者。

知识点击

劳动力中可以划归失业者的包括三种人：第一，由于被解雇或自己离职没有工作，但在调查前4周一直在找工作的人。第二，由于企业暂时减少生产而没有上班，但并未解雇，等待被重新召回原工作单位，一周以上未领工资的人。第三，第一次进入劳动力市场或重新进入劳动力市场，寻找工作4周以上的人。

结构性失业，是由于一个经济制度的原因而引起的失业。任何一种制度都有利有弊，在给社会带来利益的同时也会引起各种代价。例如，最低工资法是一项保护低收入者的政策，但会引起劳动供给增加，企业的劳动需求减少，劳动力供大于求，产生失业。再如，失业津贴保证失业者有一定收入，有利于社会安定，但却使失业工人不着急找工作而延长了失业。美国经济学家曾做过一个实验，把失业工人分为两组，对一组工人在3周内找到工作的给予500美元奖励，而另一组工人没有这种奖励。结果第一组工人在3周内都找到了工作，而另一组工人在失业津贴结束前(26周时)找到了工作。这说明失业津贴降低了工人找工作的努力程度，引起失业时间的延长，即失业加重。此外，工会的存在也引起这种结构性失业。工会控制了劳动供给，可以要求

▶**失业者的示威游行**
失业一直是困扰各国政府的难题。

提高工资，但高工资引起失业。结果往往是工会会员得到了高工资，而非工会会员承担失业的代价。

周期性失业，是由于总需求不足所引起的失业。因为总需求的变动有周期性，这种失业也表现出周期性，因此称为周期性失业。凯恩斯解释周期性失业的原因时强调了边际消费倾向递减引起的消费不足，以及资本边际效率(资本未来的利润率)递减和利率不能无限下降(心理上的流动偏好)引起的投资不足。现代经济学家认为，消费是稳定的。在国内，引起总需求不足的原因主要是投资不足；在国际上，引起一国总需求不足的原因主要是出口减少。一个国家要实现充分就业，就必须消除周期性失业。这是各国经济政策的重要目标之一。

失业的存在对个人而言是人力资本的浪费和收入的减少，也成为各种社会问题的来源。从经济的角度看，失业意味着资源没有得到充分利用，是实际GDP的减少。根据“奥肯定律”的原理，在经济工作中，只有降低失业率，才能保持国民经济的稳定增长。

对外举债与债务危机

◀临波斯湾的哈尔克岛是海外石油输出港，石油贸易是中东国家经济的支柱，也造就了大批富有的石油商人。

向外举债是一种相当合理的经济手段。例如，在19世纪，大多数美国铁路网络的建设就是通过在欧洲发行债券获得资金。在过去20年中，欠发达国家的许多企业和政府已经从美国和其他发达国家的银行借走数十亿美元。19世纪的美国铁路公司能够及时还债，但是在20世纪80年代，一些负债沉重的国家，特别是巴西、阿根廷和墨西哥，很明显缺乏偿还所欠债务的能力。由此产生的危机威胁到欠发达国家的经济发展以及许多美国银行的生存。那么，这一问题产生的原因是什么？

问题的直接原因很明显。在20世纪70年代，真实利率很低，银行拥有许多“石油美元”，因为石油生产商(尤其是中东商人)从1973年初开始由于油价上升而通过销售石油获得大笔利润之后，希望用于投资或存放在外国银行。贷款的借贷双方对于贷款将会促进经济增长充满信心，相信偿还贷款应该是很容易的事情。但随之而来却发生了三件难以预料的事情：一是70年代后期名义利率和真实利率飙升，由于大多数贷款的利率是浮动的，利息的增长远远超过了借款者当初预计的数目；二是80年代初期世界经济出现萧条，全球增长下降，加大了欠发达国家偿还贷款的难度；三是80年代初期石油价格下跌。一些最大的借款国本身就是石油生

▶对外举债是经济起步时期常用的一种方法。图为19世纪美国依靠对外举债修建的铁路。

产国，例如，墨西哥和印度尼西亚，它们原本指望通过销售石油来偿还贷款。

然而，坏运气不是唯一的罪人。银行由于事先没有考虑到与贷款相联系的风险，也应该受到责备。比如，银行应该认识到商品(例如石油)的价格变化无常。他们并未考虑到如果外国借款者拒绝还款，美国贷款人不能像他们可以对美国借款者所做的那样，通过起诉对方获得部分赔偿。他们也没有学会分散投资的教训，将太多的鸡蛋放在同一个篮子里。同时，银行似乎过分相信外国政府将贷款投资于富有生产力的项目的承诺。至少部分资金被从原定的投资项目中抽走，据说用于为富裕的阿根廷人、墨西哥人和巴西人在美国购置房地产。另外，大部分贷款都投资于一些也许从一开始在经济上就不可行的项目上。与此相反，一些管理比较好的国家(例如韩国)，贷款很多，却非常善于投资，因此可以偿还贷款。最后，一些经济学家认为存款保险制度也要承担部分责任。由于存款者知道，无论银行发放的贷款具有多么大的风险，他们都可以拿回存款，他们就没

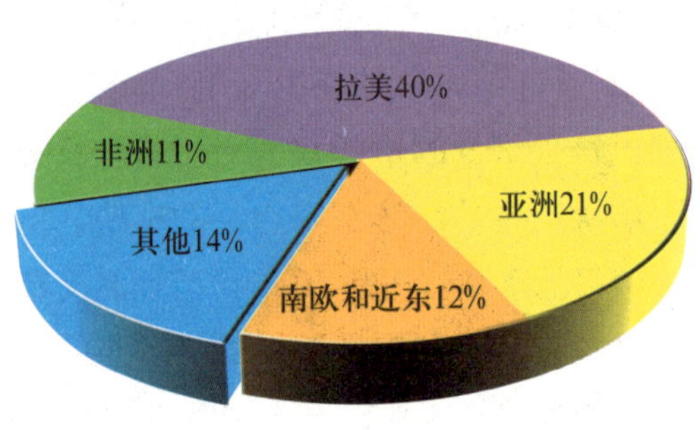

20世纪80年代初，随着几个债务国无力承担偿债义务，债务危机已成为影响国际关系的政治问题。

▶20世纪80年代"第三世界债务比例图"。

有理由监督银行，警告不要向欠发达国家发放风险较高的贷款。

到目前为止，拖欠贷款的问题已经通过修改还款时间表而得到避免，这就是说当一笔贷款到期，银行就会向该国提供更大笔的贷款，实际上推迟了还款日期。作为修改还款时间表的条件之一，贷款者坚持借款者必须“整理他们的房屋使其变得有序”，比如减少巨额预算赤字。但是这种逼迫欠发达国家的策略似乎并不奏效，因为欠发达国家本来就是没钱还债，逼迫他们只能引起经济和政府的不稳定。一个替代策略就是帮助这些国家发展，这样他们才能偿还至少一部分债务。但是增长可能需要更多的资金，而外国贷款者并不愿意提供。唯一的办法可能是免去部分债务，期望余下的债务可以得到偿还。

但是豁免债务相当于给债务国送礼，也有一些问题。假如银行被迫免除债务，它们就会蒙受经济损失。同时，许多人对豁免债务的作用和公平性表示担心。免除债务会不会鼓励欠发达国家日后借取超出其偿还能力的大笔贷款呢？难道巴西仅仅因为借债较多，就比拉丁美洲或非洲的更加贫穷的国家更应该获得这样一份数十亿美元的礼物吗？

橡胶股票风潮

——举债投机

20世纪初，随着人类文明的进步和交通工具的发展，特别是新兴汽车工业的迅速发展，国际市场上对于橡胶的需求量急剧增加。在英美等工业发达的国家，1908年和1909年的橡胶进口值都比上一年有急剧的增加。但当时的情况却是：天然橡胶的供应量有限，而人工合成橡胶的技术尚未发明。因此，供求规律预示着橡胶价格必然迅速上涨。到了1910年4月，英国每磅橡胶的价格已达到12先令5便士，创下了新的纪录；而在此前正常

▼20世纪初的汽车生产工业
汽车生产的急骤增长也促进了对橡胶的需求。

的情况下，橡胶价格即使加上充分的利润也不过每磅2至3先令左右。显然，在橡胶需求量和价格持续增长的背景下，投资橡胶产业很容易被看成是获取暴利的捷径。因此，1910年初，各国设在橡胶主要产地南洋(即东南亚的马来和爪哇一带)的橡胶公司，已达122家之多。

国际市场上对橡胶需求的变化和价格增长的情况，同样触动着各国在上海的洋行。早在1903年时，英商洋行就在上海设立了以经营橡胶园、石油和煤等为业务的兰格志公司，极力宣传其发行的股票获利前景光明，但效果始终不理想。在国际橡胶热潮兴起之后，到上海来招募股份发售股票的外国橡胶公司迅速增加。1910年，上海设立的外国橡胶公司已达40余家。这些公司除了在上海的报纸上刊登广告进行宣传外，还通过上海的洋行具体经办和发售股票，并在上海的外国银行开户。不少洋行还代客户买卖各种橡胶股票，尽量为招股和交易创造方便条件。

国际市场上橡胶价格上涨信息的不断传入，尤其是早期购买橡胶股票的人随后倒卖就能赚钱的示范效应，加上外国洋行的大力宣传，种种因素的综合作用，必然影响上海的橡胶股票交易，使其日益升温：先是一些买办和与洋行打交道较多的商人迷于厚

利投身橡胶股市，随后钱庄主等人也加入进来，这些资力雄厚之人的参与，又吸引更多的人加入。此后，参与的人越来越多，辐射面也越来越宽，不但一般商人，就是普通市民、地主以及一些完全没有股票交易经验和完全不懂橡胶知识的人，为获取利益，也争先恐后加入到购买橡胶股票的行列中来。至此，上海橡胶股票买卖迅速升温直至酿成巨大泡沫。

◀东南亚的橡胶林。橡胶出口是20世纪初东南亚的主要经济来源。

在这场橡胶股票的大投机中，值得注意的是中外金融机构也就是大户的参与和推波助澜。在华外商银行除允许橡胶股票可按票面额押借现款外，不少外国银行还向中国的钱庄和个人发放了大量用于购买橡胶股票的贷款，同时允许中国钱庄用庄票作为购买橡胶股票的支付手段。这些做法加上上海橡胶股票市场的火爆，使得上海的钱庄同样十分活跃。利用外国银行的贷款抢购橡胶股票，再转手卖出，成为这些大户热衷的投机业务。尤其是具有洋行买办和钱庄庄主双重身份的人，更是利用自己身处的便利条件大肆进行这种倒卖。

知识点击

上证指数的全称是“上海证券交易所综合股价指数”，是国内外普遍采用的反映上海股市总体走势的统计指标。上证指数由上海证券交易所编制，于1991年7月15日公开发布，以“点”为单位，基日定为1990年12月19日。基日指数定为100点。随着上海股票市场的不断发展，于1992年2月21日，增设上证A股指数与上证B股指数，以反映不同股票（A股、B股）的各自走势。

▼ 20世纪初的上海已初现大都市的景象。

其中，既是茂和洋行、新旗昌洋行和利华银行买办，又是正元钱庄庄主的陈逸卿就是典型的一例。在橡胶股票的投机中，陈逸卿不仅倾出自己的全部家资购买股票，还利用自己是正元钱庄庄主、兆康钱庄股东的身份，调用大量资金套购橡胶股票，甚至不惜向汇丰、麦加利等外国银行借贷，大量进行橡胶股票的投机。正元、兆康和谦余是上海钱庄业中很有实力的3家钱庄，这三大钱庄对橡胶股票的买卖，又影响和诱惑了更多的钱庄参与其中。但是，这些大户参与橡胶股票投机的大量资金，是平时正常进行商业活动的商业资本。这些资金被投入橡胶股票交易带来的直接后果，是社会的流动资金和商业活动的资金“差不多完全陷于枯竭状态”。据估计，在这场橡胶股票的投机买卖中，仅仅是正元钱庄一家，收购橡胶股票就达三四百万两之巨。还有兆康、谦余等10余家钱庄，“亦有巨额购存，视为无上资产”。毫无疑问，上海钱庄对橡胶股票的大肆投机，已脱离了正常的商业渠道，从而蕴藏着巨大的风险。

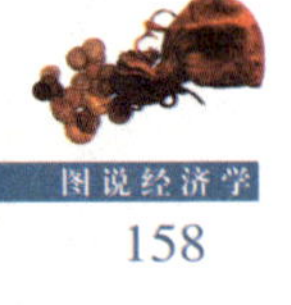

在这场橡胶股票的买卖投机高潮中，中国人投入的资金数量

到底有多少呢？据当时日本驻上海机构的调查，上海的橡胶股票投资额约在6000万两左右，其中，中国人的投资额约在4000～4500万两白银之间。而晚清末年，清政府全年的财政收入，绝大多数年份也不到1亿两白银。也就是说，在不到一年的时间里，投到上海购买橡胶股票的资金，大约是清政府全年财政收入的一半。

名人点评

股市涨得愈快，跌得愈快。

信息愈容易获得，其价值愈低。

大众投资者愈肯定，他们犯错的可能性愈大。

——门斯切

正当上海橡胶股票价格景气达到顶点之时，国际橡胶价格却开始暴落。1910年7月，伦敦市场上橡胶行情急剧下落，4月时每磅橡胶价格高达12先令5便士，到7月底便降到9先令3便士，随后更猛跌到6先令。伦敦市场上橡胶价格的猛跌，起因是世界橡胶的最大主顾美国对橡胶实行了限制消费的政策。其他国家也因橡胶价格过高而控制了使用。

消息传到上海，立即引起恐慌。这时，兰格志公司老板携公司巨款逃到了欧洲，这一传闻更加剧了恐慌的气氛。反应快捷的人赶紧抛售股票，这种抛售又引发出更多的抛售。更多的抛售迅速酿成股票抛售的洪潮，导致股市崩溃成为无可挽回的结局。而平时经常向中国钱庄提供贷款的外国银行，这时不仅不再向中国人贷款，反而转向催索贷款，结果使中国钱庄里的华商商业资本完全枯竭，各银行业之间也完全无法融通。外国银行这种落井下石的做法，自6月下旬至7月上旬的半个月达到了顶点，“无日不在追索中”。而这

延伸阅读

历史上著名的股市泡沫

股市泡沫发生的频率远比大家想像的频繁。原本理智的人们在许多世纪以来在投资方式中总是犯着同样的错误，从著名的1634～1637年的荷兰郁金香热，到1719～1721年法国Misslssippi股票和英国南海公司股票泡沫，再到1920年到1990年的多资繁荣—崩溃循环，无不如此。仅在过去的四分之一世纪中，股市就经历过四个泡沫期：

1970～1974年，香港股市暴涨1200%，随后暴挫92%。

1978～1981年，墨西哥股市暴涨785%，随后暴挫73%。

1978～1986年，科威特海湾股市暴涨7000%，随后暴挫98%。

1986～1990年，台湾股市暴涨1168%，随后暴挫80%。

知识点击

股票期权是指未来可以买卖的一种优惠权利，最初是赋予给公司管理人员的一种特权，并引入一种未来概念，从20世纪90年代开始，它作为一种金融创新在美国大多数公司被推广。事实上，这是一种会计制度，在期权第一次给出的时候，不具备任何价值，甚至可以说是"免费"的，正是因为它具有"免费"的性质，几乎所有的科技公司都依赖股票期权制度来吸引、保留核心人才。

时钱庄亏欠贷款的总数已达1136万两。正元、兆康、谦余三大钱庄勉强支撑到1910年7月21日，终于因资金周转不灵、支持不住而同时倒闭，连带使与它们有来往的数十家大小钱庄和商号受到连累一起倒闭，这些倒闭的钱庄在国内各地的分号也连带共同倒闭，从而引发了震惊上海波及全国的金融风潮。

到1911年时，其对上海钱庄业造成的影响正如时人所评："自去年橡皮股票惹起市慌，一时风潮所及，震动全局，倒闭者有之，收歇者有之，至今年(即1911年)，则只存30余家，比较上年减去十之五六。"而这场1910年发生于上海的橡胶股票买卖风潮，也终于以一种惨痛教训的方式，留在了中国证券业发展史上。

第七章

新制度经济学

——1970年以后

制度是一种“社会习惯”

——什么是制度

▶托尔斯坦·本德·凡勃伦像

制度学派分早期制度学派和新制度学派。新制度学派是早期制度学派在战后新的历史条件下的继续和发展，因此要了解新制度学派，就得从早期制度学派说起。

早期制度学派的创始人凡勃伦。20世纪20年代末和30年代初，早期制度学派在美国曾相当盛行。当时美国有一批自称“青年一代”的经济学家追随凡勃伦，大肆鼓吹“制度趋势”的研究，其中某些人还参加了制定罗斯福“新政”时期的经济政策，成为罗斯福顾问团的重要成员。但是，不久就被凯恩斯主义所取代，而处于“异端”的地位。

托尔斯坦·本德·凡勃伦(1857～1929)，是约翰·贝茨·克拉克的学生。1884年毕业于耶鲁大学研究院，1890到1922年先后任教于康奈尔、芝加哥、密苏里各大学和纽约社会研究新学院。他对哲学、心理学、生物学、自然史和考古学等都有浓厚兴趣，这对他的经济思想和方法论的形成都有重大影响。主要著作有《有闲阶级论》(1899年)、《企业论》(1904年)、《工程师和价格制度》(1921年)。在这些著作中，他批评资本主义

知识点击

制度学派是19世纪末20世纪初美国资产阶级经济学的一个学派。以研究制度和分析制度而著称。T.凡勃伦发表《有闲阶级论》和《企业论》，标志着制度学派的创立。他采用历史方法、社会达尔文主义和职能主义心理学，批评传统经济学的方法论，承认资本主义制度存在各种弊端和缺陷，强调对资本主义各种经济关系的改良，形成制度学派的传统。

▲当人类的思想和习惯经过了自然的淘汰后，充分意识到女性权利的重要性，于是新的制度产生了。图为20世纪初，英国妇女团体为制定新的制度而进行的游行示威。

制度，指出有闲阶级，既得利益者的寄生性，资本主义的种种浪费，资本主义企业对社会生产发展的阻碍，不断发生的经济危机。同时也反对社会主义，为资本主义的未来发展设计了理想蓝图。

什么是制度？古往今来，仁者见仁，智者见智，没有达成一致。早期制度学派从其研究的对象出发，认为制度是一种“社会习惯”。

凡勃伦提出“进化经济学”研究的对象主要是人类经济生活借以实现的各种制度，其中最主要的制度是满足社会物质生活的生产技术制度和私有财产制度。

在他看来，制度是由人们的心理动机和生理本理所决定的思想和习惯，因而制度不过是一种“思想习惯”或“精神态度”。他指出：“制度实质上就是个人或社会对有关的某些关系或某些作用的一般思想习惯。在某一时期或社会发展的某一阶段通行的制度的综合”。至于经济制度，就是在社会的生活过程中接触到它所处的物质环境时如何继续前进的习惯方式”。这样，凡勃伦就把在人们主观心理基础上产生的以思想习惯为标志的经济制度作为经济学研究的主要对象。

为此，他还对制度进行了进一步阐述，把“制度”归结为“广泛存在的社会习惯”，认为“经济制度”就是人类利用天然环境以满足自己生存需要所形成的“社会习惯”。由于社会习惯及各种制度是逐渐形成、发展和演变的，是有继承性和连续性的，因此要了解现存制度，必须系统考察以往各种制度的历史演化过程。

按照凡勃伦的看法，制度既然是思想和习惯长期积累的产物，它的演进过程也就是人类的思想和习惯的自然淘汰过程，或人类应付外界环境的心理变化过程。人类的进步和制度演变的过程，同生物的生存竞争过程具有一样的性质。

关于制度的发展变化凡勃伦认为，制度演变的速度和顺利程度，取决于新的制度对社会各个成员物质利益的影响程度。并断言制度的发展并不是一帆风顺的，它会受到各种阻碍。旧制度中的既得利益者将对社会的转变发生阻滞作用。“实现调整的迅速与便利，也就是说社会结构发展的能力，在很大程度上是决定于任一时期的形势对社会中各个成员发生影响的直率程度”。在这里，他把社会经济理解为一种历史发展过程，并指出这一过程中包含着新与旧的矛盾，具有一定的合理性。

在制度分析的基础上，凡勃伦在经济政策主张上反对经济自由主义，主张国家对经济进行干预。一方面，凡勃伦承认资本主义制度存在着矛盾和缺点。另一方面，他又主张依靠国家力量从制度或结构上改革资本主义社会。他认为，在人类经济生活中有两种制度，即满足人的物质生活的生产技术制度和私有财产制度，在资本主义社会这两种制度就表现为“现代工业体系”和“企业经营”，资本主义社会的弊病正在于这两种制度之间的矛盾。解决的办法是建立由工程师、科学家和技术人员组成的“技术人员委员会”，代替企业经营的管理。同时，由国家对私有经济进行干预，运用法律和经济政策来调节经济生活，调解和仲裁劳资争端，并提出各种社会改良方案，从制度或结构方面来克服资本主义社会的“缺陷”。

凡勃伦关于应建立新的思想习惯、理论观念和法律规范以适应新制度的观点，关于制度变化应考虑大多数人物质利

推荐读本

《社会学原理》是赫伯特·斯宾塞关于社会学分析的系统著作。它的最大价值在于其所强调的功能思想，进而提出共存现象，他的理论是哲学和社会科学界在接受进化论方面最集中的体现，由于他的提炼，加速了进化论在哲学和社会科学界的传播，斯宾塞被称为一切进化论者中最高的理论家。

益以及制度演变会受到旧观念和既得利益者阻碍的观点，特别是主张在一个特定的社会经济形态下进行制度和体系的改革的思想具有一定的理论价值，并为以后的制度经济学家所继承。

康蒙斯

——“法院的看得见的手”

▲康蒙斯像

早期制度学派的另一些代表人物是康蒙斯，他不仅是制度学派的理论家，而且是一位制度主义的实践家，为制度经济学增添了新的内容。如强调法律的调节作用，要用“法院的看得见的手”来代替斯密的“看不见的手”。

约翰·洛克斯·康蒙斯(1862～1945)，出生于美国俄亥俄州的一个中产阶级家庭，早年就学于奥伯林学院学习经济学。毕业后，康蒙斯先后在威斯里安、印第安纳、锡拉丘兹等大学任教。从1904年起，康蒙斯进入威斯康星大学担任经济学教授，在此执教达30多年。

◀1787年5月25日，美国13个州的代表于费城召开制宪会议。确定了1787年的《联邦宪法》，极大程度地推动了资本主义的发展。康蒙斯认为制度是经济发展的动力。

▶这幅漫画讽刺了美国国会被大腹便便的垄断资本家所控制。

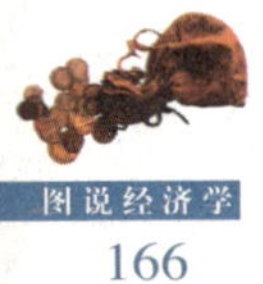

康蒙斯是一个积极的社会活动家，主要从事劳工运动和社会立法活动，曾先后参加了威斯康星州产业关系委员会和美国总统产业关系委员会。这些社会活动为他的制度经济学研究提供了丰富的第一手材料。康蒙斯偏重于研究法律对经济发展的作用，尤其重视劳工问题的研究，一生写下了大量有关劳工问题和制度经济学理论的论著，主要有《美国工业社会的历史记述》(共10卷，1910年)、《美国劳工史》(与安德鲁合著，1918年)、《劳动立法》(1918年)、《资本主义的法律基础》(1924年)、《制度经济学》(1934年)和遗著《集体行动经济学》(1950年)等。

在后三部著作中，康蒙斯从不同的方面系统地阐述了他独特的制度经济理论。

同凡勃伦一样，康蒙斯也强调制度对经济生活的重要性，认为制度是经济发展的动力，是控制个体行动的集体行为。他写道："如果我们要找出一种普遍的原则，适用于一切制度的行为，我们可以把制度解释为'集体行动控制个体行动'。"而集体行动的种类和范围很广，从无组织的习俗到有组织的机构，如家庭、公司、行会、法院、工会、银行等，都可归于集体行动之列，它们共同的原则就是个体行动受集体行动的控制。在众多的集体行动中，他特别关注的是垄断大公司、工会和政党，因为，这些具有强大力量的利益集团控制了一切个人的活动，支配了整个社会生活。由于集体行动控制个体行动，使之遵循一定的规范，这样就能使个体免受强迫、威胁、歧视或者不公平的竞争，因此，通过集体的控制又能使个体的行动得到解放和扩张。

康蒙斯认为20世纪是集体行动的时代，社会生活的普遍现象是集体行动而非个人行动。制度经济学就是要以集体行动为研究对象，以期对现代资本主义作出新的解释。

康蒙斯还把现代资本主义的社会关系解释为一种交易关系，交易中包含着三种最基本的社会关系，即冲突、储存和秩序。由于资本主义社会存在着众多的利益集团，在这些社会集团之间广泛地存在着利益冲突，然而冲突的各方又都是相互依存的，这种相互冲突和相互依存要得到协调需要秩序，即需要建立一个“行动规则”来解决冲突各方的矛盾。

他提出，在现代社会中有效的协调方式主要有三种，即经济的、法律的和伦理的，其中他特别强调法律的调节作用。他把资本主义的产生归功于法律制度，法律制度还推动了资本主义的发展。他提出，现代资本主义制度本质上是一种法律制度，因为它完全以所有权为基础。既然资本主义是法律制度所促成的经济制度进化的结果，那么它的缺陷和弊病，也可以通过法律的调节而加以克服。所以他提出要用“法院的看得见的手”来代替斯密的“看不见的手”，以对现代资本主义经济进行调节。

推荐读本

《拿破仑法典》是资产阶级国家中最早的一部法典，分总则和36章，共2281条，第一篇为人法，主要内容是民事权利主体的规定。婚姻，父子关系等关于民事权利主体的规定。第二篇为物权法，是关于财产和阶有权的规定，包括了财产分类，所有权、用益权等，贯穿了私有财产无限制的原则。第三篇为权法，是关于取得财产各种方法的规定。实行的是体现资产阶级的剥削自由的契约自由原则。

加尔布雷思

——“开放式的经济学”

第二次世界大战后，以萨缪尔森为代表的一些美国经济学家，

知识点击

新制度学派形成于20世纪中期，它一方面继承了制度学派的传统，以制度分析、结构分析为标志，并主张在资本主义现存生产资料所有制基础上进行改革，另一方面又根据第二次世界大战后新的政治经济条件提出更为具体的政策建议，主要代表人物有美国的加尔布雷思、博尔丁、瑞典的缪尔达尔等。

将马歇尔的微观经济学与凯恩斯的宏观经济学相综合，创立了一个“新古典综合”的经济理论体系，即“后凯恩斯主流经济学”，并居于“正统派”的地位，但由于科学技术的进步，经济发展的加快，经济危机也更加频繁，各种社会问题日益尖锐，改革制度的呼声甚嚣尘上。面对西方世界所存在的种种严重社会问题而“后凯恩斯主流经济学”却不能作出令人信服的解释，更没有提出有效的解决办法。在这种情况下，以加尔布雷思为主要代表的新制度学派应运而起。

加尔布雷思是足以令所有在世的经济学家相形见绌的知名人士。他是哈佛大学教授，民主党领袖阿德莱·史蒂文森的讲演稿撰写人，肯尼迪家族的朋友和肯尼迪总统的私人顾问。他曾任美国驻印度大使，美国人争取民主行动组织主席，《花花公子》杂志和《纽约时报》的投稿人，小说家，大众化的学者，妙语连珠被广为引用的才智之士和有史以来身材最高的经济学家(6英尺8英寸)。弗里德曼的电视系列片《自由选择》的部分目的是为了抵消加尔布雷思的系列片《不确定的年代》，然而，虽然可以说前者是更好的电视片，但是它吸引的电视观众较少。

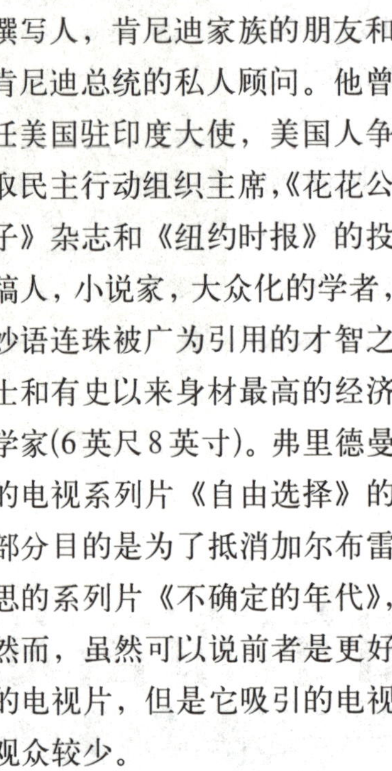

约翰·肯尼思·加尔布雷思1908年出生于加拿大的一个农场主家庭，早年在加拿大就学，

▶这幅壁画反映了在不平等的资本主义社会里，穷人更穷，富人更富，许多人没有社会保险，无家可归，而富人却花越来越多的钱消费那些华而不实的东西。

1931年毕业于加拿大安大略农学院，获学士学位。大学毕业后，他到美国伯克利的加利福尼亚大学继续研究农业经济，1933年获硕士学位，次年获博士学位。在伯克利，加尔布雷思研读了马歇尔的《经济学原理》，学习了凡勃伦的著作。凯恩斯的思想曾对青年加尔布雷思有一定的影响。1934年，加尔布雷思到哈佛大学任讲师，讲授农业经济学。在那里他结识了约瑟夫·肯尼迪及其弟弟约翰·肯尼迪(1961年当选为美国总统)，同肯尼迪兄弟的交往与加尔布雷思20世纪60年代的政治活动有一定的关系。他后来任美国物价管理局副局长、《幸福》杂志编辑、美国战略轰炸调查团团长、美国国务院经济安全政策室主任、美国驻印度大使。1972年被选为美国经济学协会会长。从1949年起，他一直任哈佛大学教授，1975年退休。加尔布雪思是当代最著名的制度经济学家。他从理论上探讨了前人未曾注意到或绝少涉及的“工业化以后社会”的问题，创立了他的制度经济学理论。

早在1958年出版的《丰裕社会》一书中，他就论述过要关心“公共目标”的思想。书中的“私人丰裕”与“公共贫困”的对比立即成为街谈巷议的话题，使这部著作实际上成了当年的非小说类畅销书。加尔布雷思认为，富裕使现代消费者感到餍足，他们越来越容易受到广告和推销术的影响而产生对华而不实的小玩意儿的需求。但是，经济学家仍然把这样一些人为的趣味和偏好当做消费者自行产生的东西，从而抹煞消费者主权实际上已被生产者主权所取代这样一个事实。可是，对于那些富裕社会越来越需要的重要公共

延伸阅读

环境污染——经济增长的“恶果”

随着人类社会的不断发展，人类在经济生产活动过程中对水、空气、土壤、动植物等自然环境造成了巨大破坏，而人类也在吞食自己造就恶果。

1930年12月初，比利时马斯河谷地带的炼钢、炼焦、化肥等工厂排放出的有害气体导致60多人死亡。

1936年开发石油以来，洛杉矶的汽车数量剧增，排放出大量有害气体，导致了洛杉矶光化学烟雾事件，死亡400多人。

1986年苏联切尔诺贝利核电站发生爆炸，预计有千人受辐射致癌，经济损失无法估量。

20世纪末发生在英国的疯牛病，更是对人们的生命造成巨大威胁。

……

推荐读本

塞缪尔·亨廷顿的《文明的冲突和世界秩序的重建》认为文化的共性和差异影响国家间的对立和联合，世界上最重要的国家绝大多数来自不同的文明。最可能升级为更大规模战争的地区冲突的是那些来自不同文明的集团和国家之间的冲突。在互相竞争中，各核心国家会团结本文明的同伴，争取属于第三种文明的国家的支持，促进对立文明的国家的分裂和背叛，利用各种综合手段达到目的。这本书是对21世纪全球经济发展动力的深刻而有力的分析，是十几年来最富有争议的著作之一。

事业(道路、学校、博物馆、低价住房、警察等)却因财政拮据而无法建设。结果，出现了一个私人丰裕和公共贫困并存的社会。这本书像一枚炸弹，它标志着反经济增长运动的开始，引起了20世纪60年代后期“向贫穷开战”和保护生态的运动。迄今为止，这部著作依然是现代经济学家最广泛阅读的书。

1973年，加尔布雷思出版了《经济学和公共目标》一书。这本书被看成是加尔布雷思最主要的理论代表作。在这部著作中，他强调要关心“公共目标”。他指出，在现代资本主义社会为什么会遇到失业、通货膨胀、贫富不均、经济畸形化、环境污染、城市腐败、道德败坏、生活质量下降等一系列麻烦。关键在于“公共目标”被忽视。如果不重视这个问题，不突出“公共目标”，那么任何旨在缓和社会矛盾的政策措施都无济于事。

加尔布雷思对凯恩斯主义者所认为的商品生产得越多，就越能给人们带来幸福的经济增长论不以为然。在他看来，商品生产并非越多越好，香烟生产得越多，得癌症的人也越多；酒类生产得越多，动脉硬化的人也越多；汽车生产得越多，则交通事故越多，空气和环境污染也越厉害。加尔布雷思写道:“从商品的生产和消费两个方面都会发生对环境的损害。发电厂对空气的影响，由此产生的氛对视力的影响，制钢厂对附近湖泊的影响，跟在后面汽车对肺部的影响……造纸厂也不能推卸它的责任，而汽车主对于汽车的使用所产生的一般后果尽可以表示遗憾，却不存在个人责任感，因为他个人在总的损害中所增加的一份是微不足道的”。经济增长使环境不断遭到污染，从而使公众利益受到侵害，而个人消费品的增加也同样带来了新的问题。“商品的拥有和消费超过某一限度时，除非把由此而来的辛劳转移给别人，否则就会变成累赘。例如，食品越来越细或者越来越富有异国风味，但是，要

有人代为备办消费才会变成一种真正的享受。否则，除了别的偏好以外，单是由此所花费的时间，就会使食用的乐趣渐灭无余。”“显得奇妙的是，家庭的收入愈多，除个别仍然雇佣仆役者外，妇女充当奴婢的任务就愈加艰巨。”总之，“许多种商品生产的增长并与社会的目标一致。”加尔布雷思的这一观点被称为“增长价值怀疑论”。他认为，当前资本主义社会所存在的这种问题和严重危机都是由于长期推行凯恩斯主义的结果。

从这一是非善恶标准出发，加尔布雷思提倡“信念的解放”，要人们摆脱当前西方经济学教科书上对政策目标的解释以及公司高级经理们和政府官员们对“经济增长”的宣传影响，使人们从一切错误的信念下“解放”出来，重新树立对“人生”的看法，选择“生活的道路”，确定应当值得争取的“目标”。并把“信念的解放”看做他整个社会改革计划的最重要的起点。

▼现代许多国家经济的发展往往是以环境作为代价。图为遭到破坏的原始雨林。

缪尔达尔

——循环积累因果联系

▲缪尔达尔像

缪尔达尔是新制度学派的另一位重要代表人物，提出了“循环积累因果联系”这一重要理论。

冈纳·缪尔达尔1898年生于瑞典南部的古斯塔夫。1923年在斯德哥尔摩大学毕业后，从事律师业务，同时继续读书。1927年获经济学博士学位，并任该大学政治经济学讲师。1933年任斯德哥尔摩大学政治经济学和财政学的讲座教授。从20世纪30年代后期开始，缪尔达尔由于看到了当时社会的严重不平等状况而转向制度经济学的研究。1929—1933年的世界经济危机也严重地影响了瑞典的经济，生产下降，物价下跌，失业增加，人民生活贫困，而社会上另一部分人的收入和财富却在不断增加。这种不平等的状况促使缪尔达尔开始研究社会平等问题，使其研究方向从研究传统经济学向制度经济学转变。

同时，他还积极参加社会政治活动。他曾任两届瑞典议会参议员(1934～1936，1942～1946)，瑞典驻印度大使(1939～1942)，贸易商业大臣(1945～1947)，瑞典计划委员会主席(1945～1947)和联合国欧洲经济委员会执行秘书(1947～1957)。缪尔达尔享有世界上30所大学的名誉学位，获得许多奖章和奖金。他的朋友和论敌一样多，尤其是在瑞典，在他事业的每个关头他都置身于激烈的政治和学术论争之中。1974年他和哈耶克一起因“在货币和经济波动理论的开创性著作，同时由于他们对经济的、社会的和制度现象的内在依赖性的精辟分析”而获得诺贝尔经济学奖。

缪尔达尔认为，传统经济学家因为继承了约翰·穆勒以来的观点，把生产领域与分配领域截然分开，因此他们往往忽视社会平等问题，更不关心不发达国家的贫困问题，他们避开了价值判断问题，只重视静态均衡分析。缪尔达尔认为经济学应该是规范的，而不是实证的。价值判断的标准应该是社会的平等和经济的进步。在动态的社会中，社会各种因素之间存在着因果关系，某一社会经济因素的变化，会引起另一种社会因素的变化，后者反过来又加强了第一个因素的变化。所以社会经济诸因素之间的关系不是趋于均衡，而是以循环的方式运动，但也不是简单的循环流转，而是具有积累效果的运动，是"循环积累因果联系"。

缪尔达尔的"循环积累因果联系"理论最初是在1944年出版的《美国的困境：黑人问题和现代民主》一书中提出的。在20世纪50年代以后的著作中，缪尔达尔对这个理论在具体应用过程中又作了进一步的发挥。他指出，事物之间的"循环积累因果联系"不仅存在着上升的循环积累运动，也存在着下降的循环积累运动。前者指"扩展效果"，即某一地区兴办了若干工业以后，逐渐形成了一个经济中心，它的发展促进了周围地区的发展，使它附近地区的消费品生产不断发展。后者指"回荡效果"，即某一地区的发展，由于种种原因会引起别的地区衰落。例如，低收入阶层的劳动者的健康状况恶化，会降低劳动生产率，减少工资收入，降低其生产水平，这种状况反过来又使他们的健康状况进一步恶化。正由于存在着"扩展效果"和"回荡效果"，国际贸易会加剧发达国家和不发达国家发展的不平衡，而不像传统经济学家所认为的那样国际贸易的扩大必然对贸易国双方带来利益。因为发达国家采用新技术，产品成本低，价格比较低廉，所以在自由贸易的情况下，廉价的外来商品充斥了发展中国家的市场，从而导致了该国的经济遭受严重的打击，使社会衰落，国际贸易对发展中国家产生的是"回荡效果"。所以，国际贸易并不总是对贸易国双方都是有利的。只有在贸易国双方工业化水平差不多的情况下，国际贸易才是互利的。

名人点评

正是由于缪尔达尔的这个理论，"我们终于到达了制度经济学的核心"，"它是新的社会经济分析方法的新的规范"。

——威廉·卡普

缪尔达尔的"循环积累因果联系"理论，是对制度经济学作出的一项重大贡献。其贡献主要表现在它强调了对社会经济关系的研究，强调了考察社会经济演进过程中诸因素之间的相互依赖关系，从而有力地说明了为什么经济学的研究不能局限于纯粹的经济因素，而是要把同经济因素有关的其他因素尤其是制度因素同时进行研究。这一理论对制度学派的“整体性”方法论也是一个很好的运用和发挥，它强调要对社会经济过程的各种因素进行综合分析，探求其因果联系。因此在经济学的研究中，他反对把社会现象区分为“经济的”和“非经济的”，而认为只能区分为同经济因素“有关的”和“无关的”。缪尔达尔的这一理论对于制度经济学的价值判断标准，也作了进一步的论证。

科斯定理

——牛走失后的设想

▲罗纳德·哈里·科斯像

科斯对经济学的贡献及影响，虽然没有亚当·斯密那样悠远，马克思那么深沉，凯恩斯那么广泛，但是他的经济思想同样也引起了经济学上的巨大革命。

科斯所创立的新制度经济学不同于以凡勃伦和加尔布雷思为代表的制度经济学，它是在新古典的分析棋式里重新研究和估价资源配置所依赖的制度条件而创造的新理论。这一理论体系主要包括交易费用理论、产权理论、制度变迁理论和经济增长理论等。

罗纳德·哈里·科斯1910年生于英国伦敦市威尔斯登，1929年入伦敦经济学院读商科，1932年毕业，一度在伦敦经济学院任教。后转往苏格兰，在邓迪经济学院任教。第二次世界大战时他在英国政府供职，然后在利物浦大学任教两年，1935年返回伦敦经济学院，任教至1951年。1951年获伦敦大学博士学位，移居美国，先是在布法罗大学任教授(1951～1958年)，接着在弗吉尼亚大学任教授(1958～1964年)，1964年他转往芝加哥大学任教。1979年退休时他被选为美国经济协会杰出会员。

科斯的贡献主要体现他的代表作——《社会成本问题》一文中。《社会成本问题》不同于出自经济学家之手的其他论文：既没有图表，也没有方程式，文章通篇充满引自律师和法官的话。那篇文章有很大一大部分是讨论庇古在《福利经济学》一书中提出的论点。庇古就所谓蒸汽火车头加之于农民和工厂烟囱加之于家庭的外部成本问题进行了分析。庇古认为，用外部成本的实例说明我们现在称之为"市场失灵"的情况，这需要政府进行干预，以便把经济活动的私营成本提高到这些活动的真实社会成本水平上来。科斯用意义双关的论证对庇古的结论提出疑问：

首先，如果一切有关资源的产权都有清晰的规定，而且一切有关的经济当事人都能聚集起来互相协商——"交易费用忽略不计"，那些经济当事人自己就会受到激励而自愿达成协议，把污染费用从受害者转给肇事者来负担。

其次，更令人惊奇的是在这种情况下，可以证明国民收入的总值和构成不受私人协商所决定的对污染承担责任的具体方式的影响。为了进一步论证这个问题，科斯提出了"牛走失后的设想"。养牛者的牛走失后可能损坏邻近土地的谷物生长。科斯设想了两种情况：

第一种情况是养牛者没有权利让牛群损害谷物。在这种情况下，对养牛者来说，只要赔偿费不高于修建隔离牛群的篱笆所需的费用，就愿意支付赔偿费，否则他将选择修建篱笆。对农夫来说，只要从养牛者那里获得的赔偿费高于在不受损害的耕种土地的纯收益，他就同意放弃耕种土地。

第二种情况是养牛者有权利让牛群损害谷物。在这种情况下，农夫为了避免谷物受损，就要养牛者支付赔偿费，所支付赔偿费等于受损谷物的价值。如果两者之间交易都能达到产值最大化的结果(比如牛吃了麦苗所增加的肉的价值大于麦苗损失的价值，从整个社会看，这是对资源的更好的配置)。他假设，如果农夫和放牛者之间的交易费用为零，无论在法律上放牛者应该赔偿，还是无须赔偿农夫的损失，他们之间都会通过自愿交易实现资源的最优配置。假如应该赔偿，放牛者还是会放纵他的牛去吃麦苗，直到他应赔偿的损失等于他们的牛所增加的价值时为止(由于收益是递减的)；假若无须赔偿，农夫会告诉他，如果他约束自己的牛少吃一单位麦苗，他将会得到相当于一单位麦苗价值的补偿，放牛者仍会使自己的牛在麦苗损失等于牛肉增值时，制止牛继续吃麦苗。这个观点后来就被称为“科斯定理”载入经济学文献。

名人点评

科斯“为我们了解经济运行方式做出了突破性的贡献”，这一贡献具体就表现在“他发现和澄清了交易费用和产权对经济体制的生产制度结构及其运作的作用和意义”。

——诺贝尔评奖委员会

推荐读本

巴塞尔的《经济分析》一书中，“交易费用”概念已经不再起主要作用，起着主要作用的是“公共领域”概念。博弈论是描述公共领域里寻租者们的行为及其结果的最好工具，这本书是新制度经济学从“交易费用”到“博弈均衡”发展的一个转折点。

最后，科斯认为，即使交易费用高到使科斯定理变得不适用的程度，仍然不能认为政府干预会使情况得到改善。“政府失灵”必须同“市场失灵”一起加以权衡。

《社会成本问题》一文的发表，使他于1991年荣获诺贝尔经济学奖。此举彻底证明：一个人即使发表很少著作，而且即使从来没有写出一条数理方程式，他仍然可以成为伟大的经济学家。

德姆塞茨

——狩猎权的私有化

哈罗德·德姆塞茨1930年生于美国芝加哥。1953年在伊利诺伊大学获学士学位，1954年和1959年先后在西北大学获工商管理硕士学位和经济学博士学位。1963 年在芝加哥大学任教授。1971 年离开芝加哥大学，在斯坦福大学胡佛研究所任高级研究员直至 1977 年。1978 年在加利福尼亚大学洛杉矶分校任教授至今。他从 1955年起为蒙佩尔兰学会的活跃成员。他的主要贡献在于论证了产权的起源。

产权理论是新制度经济学的重要理论，要弄清这个理论，首先就要弄清产权的起源问题，也就是要解释为什么要设置产权制度这一问题。为此，德姆塞茨在 1967 年发表的一篇经典论文《产权理论探讨》中论证了产权发展的内在逻辑。他说："当内在化的所得大于内在化的成本时，产权的发展是为了使外部性内在化。内在化的增加一般会导致经济价值的变化，这些变化会引起新技术的发展和新市场的开辟，由此而使得旧有产权的协调功能很差……在一个共同体对这方面的偏好给定的情况下……新的私有和国有产权的形成将是对技术和相对价格的回应。"德姆塞茨运用他的这一理论观点解释了 18 世纪初期加拿大东部印第安部落狩猎权的私有化现象。

在海狸皮贸易出现之前，印第安部落人人都可以随意捕获海狸，并不存在某种排他性的捕获权。印第安人狩猎的主要目的是为了满足自身的需要。狩猎能自由地进行，每个人都缺乏对其他人的狩猎的控制，没有人对增加动物存量感兴趣，从前出现过于密集的

◀英国"圈地运动"的盛行，农民失去了对土地的所有权，很多人成为流浪者和乞丐。

▶海湾战争时期，多国部队进入伊拉克沙漠区。其战争的最终目的还是对石油所有权的控制。

▼正是由于石油的稀缺性，各国对石油的争夺导致了海湾的局势不稳。图为海湾地区的海上油井。

狩猎导致动物资源稀缺程度的提高，但这并没有引发土地私有产权的产生。因为，对印第安人来说，在动物的价值很小的情况下，确立私有狩猎边界所获得的收益小于为此而付出的成本。

但随着海狸皮贸易的出现，一方面由于对海狸皮的需求急剧上升而使皮毛价值大大增加；另一方面，狩猎活动的剧增又使这一地区海狸变得日益稀缺。正是因为资源稀缺程度和相对价格的变化，使通过建立私有狩猎区来养殖并保护海狸成为有利可图的行业，或者说确立私有狩猎边界所获得的收益将大于为此支付的成本。为了防止滥捕滥杀，使整个部落的净财富最大化，就需要给予个人或集团某种排他性的狩猎权。海狸市场价值的迅速上升本身也为这种内在化的努力提供了强有力的刺激。于是，私有产权制度就在这一地区兴起。

与此相对，在美国西南部的印第安部落却未能建立起类似的产权制度。原因就在于与前者相比，这一地区的海狸的商业价值相对较低，而把它们活动范围限定在某一狩猎区域内相对较为困难，这就意味着界定私有产权的收益相对较低，而成本则相对更高。在这一案例的分析中，德姆塞茨从资源稀缺而发生相对价格变化，从而引起产权界定的收益和成本对比关系的变化角度，分析了私有产权兴起的原因。

机会主义行为
——“工作中消费”

新制度经济学家在产权理论的基础上还讨论了委托—代理关系。他们认为，任何经济组织都会面临如何赋予每个要素所有者充分的激励，使其按预期的方式促成全体成员的净财富最大化的问题。只要每个人不是孤立的自给自足者，就必然形成一定的专业化和分工关系，各自的行动对其他人将产生影响，这样“委托—代理关系”便相伴而生。

在现代公司中，董事会是所有者的代表，拥有公司财产的所有权与支配权，有权把公司委托给别人经营管理，称为委托人。总经理接受董事会委托，代行经营管理的权力，称为代理人。他们之间的关系就是一种委托—代理关系。但公司中并不是只有这一种委托—代理关系。往上追溯，董事会仅仅是所有者的代表，并不是全部所有者。真正的所有者是全体股东，股东是委托人，董事会是股东的代理人。股东与董事会之间也是委托—代理关系。往下看，总经理并不能事必躬亲，也要把他从董事会得到的权力委托出去，如财务权交给财务经理等，这样，总经理又成了委托人，而部门经理成了代理人，他们之间的关系也是一种委托—代理关系。当部门经理把具体工作交给下面职工时，部门经理与职工之间也是一种委托—代理关系了。所以，现代公司是一系列委托—代理关系的总和。

公司内的各种委托—代理关系是用合约形式固定下来的，

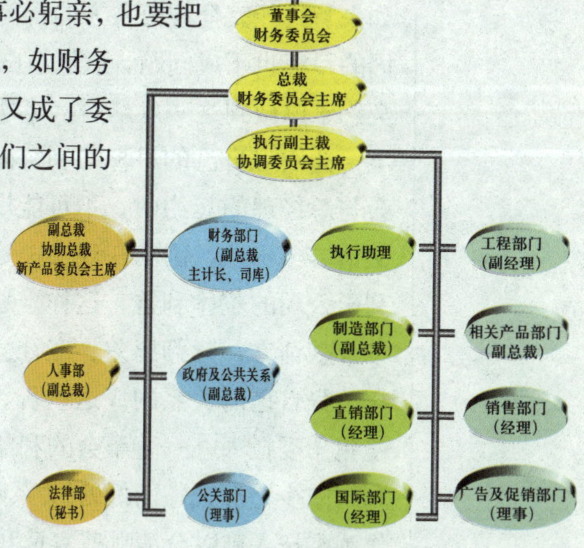

公司组织结构图

即委托人与代理人之间签订契约，契约规定了各方的权、责、利及相关行为规范。契约的签订是以信息为基础的，这就是说，委托人与代理人之间信息越完全，所签订的契约也就越完善。但在现实中，信息是不完全的，或者说委托人与代理人之间的信息是不对称的。这就使契约是一种不完全契约。

推荐读本

▲弗雷德里克·温斯洛·泰罗像

《科学管理原理》是泰罗的主要代表作，它的基本思想如下：科学管理的中心问题是提高劳动生产率，为了提高劳动生产率，就必须进行系统化的科学管理。这本书揭示了科学管理的历史新篇章，在美国乃至全世界的管理思想发展和实践中产生了深刻而持久的影响。它把科学的方法应用到管理中去，对科学管理原理和原则作了系统化的阐述，为现代管理理论的形成作出了重要的贡献。

如果公司内各个经济主体之间的目标是完全一致的，都是为了企业的利润最大化，那么不完全的委托代理契约也不重要。但在现实中，委托人的利益和目标要通过代理人来实现，而不同委托人与代理人的目标并不一致。董事会作为委托人追求利润最大化，但其他人却都有自己的目标。例如，总经理追求企业的稳定与增长，总想把企业做大，使自己的权力控制欲得到满足。部门经理更多考虑本部门的利益，而职工考虑的可能是工资最大化，或在工资既定时休闲最大化(偷懒或怠工)。如果契约能完全规范各方的行为，这些不同的目标也不成问题，问题就在于不完全契约难以做到这一点。这样，各级代理人就会在不违背契约的情况下，为实现自己的目标与利益而损害委托人的利益。例如，董事会与总经理的契约中，不可能规定总经理什么时候可以以公司名义请客或出差。因为在现实中这一切都要由总经理相机抉择以有利于公司的整体利益。这样，总经理就可以以公司业务需要为借口公款请客，频频出差，在社会上扩大自己的影响和知名度，织起一张自己的关系网。这些行为如果超出公司业务的实际需要就侵犯了委托人——董事会的利益。因为费用要董事会出(以股东红利的减少为形式)，而好处(关系网带来的利益)是总经理的。董事会作为委托人难以分清哪些宴请和出差是公司业务所必需的，哪些是

没有必要的，这就无法监督总经理的行为，契约中也无法作出具体规定。这种在不违背合约情况下代理人以损害委托人的利益为代价实现自己目标或利益的行为就称为机会主义行为。经济学家把这种以公司业务需要为借口的各种宴会、出差支出称为总经理的“工作中消费”。工作中的消费是机会主义行为的一种形式。

在公司内，每一个人作为代理人都有可能发生机会主义行为。例如，契约不可能对每个人的努力程度作出具体规定，其努力程度也难以观察和测定。这种广泛的机会主义行为使公司内部不协调，每个人无法发挥自己的才能，也不努力干活。这就引起公司内部效率下降。这种效率低下不是由于资源配置引起的，美国经济学家莱宾斯坦称之为非配置无效率，同时由于这种效率难以用传统的方法衡量，所以也称为“X 无效率”。

奥尔森

——《集体行动的逻辑》

人们往往想当然地假设：一个具有共同利益的群体一定会为实现这个共同利益采取集体行动。譬如：住在同一座楼里的邻居会提供公共楼道的照明灯；同一社区的人们会保持公共环境卫生；持同一公司股票的人会齐心协力扶持该股票的价格；消费者会组织起来与售卖伪劣产品的商家作斗争；同一国家的国民会支持本国货币的坚挺；全世界无产者会联合起来反对资本家的剥削……诸如此种，不胜枚举。

但美国的奥尔森教授发现，这个貌似合理的假设并不能很好地解释和预测集体行动的结果，许多合乎集体利益的集体行动并没有产生。相反，个人自发的自利行为往往导致对集体不利甚至极其有害的结果。“看不见的手”为什么会失灵？主观为自己，客观为大家的理想为什么常常无法实现？原来，集体行动的结果具有公共性，

▼1968年法国爆发"五月风暴"的群众性游行示威，最后法国政府许诺实行改革，把工人工资提高7%，这是占人口不到40%的游行示威者为全体公民争取到的利益。

所有集体的成员都能从中受益，包括那些没有分担集体行动成本的成员。例如，由于参加罢工，工人却承担了所有的风险和成本。这种不合理的成本收益结构导致了搭便车行为。

"滥竽充数"中的南郭先生是搭便车者的祖师爷。南郭先生不会吹竽，却混进了宫廷乐队。虽然他实际上没有参加乐队合奏这样一个"集体行动"，但表演时毫不费力，装模作样仍然使他得以分享国王奖赏这个集体行动的成果。奥尔森因此得出了一个极具争议的结论：由于搭便车行为的存在，理性、自利的个人一般不会为争取集体利益做贡献。集体行动的实现其实非常不容易。当集体人数较少时，集体行动比较容易产生。然而，随着集体人数的增大，集体行动就越来越困难。因为在人数众多的大集体内，要通过协商解决如何分担集体行动的成本是十分不容易的。罢工的胜利，工人们获得加薪，这对所有工人都有好处。但是，参加的人数越多，人均收益就相应减少，搭便车的动机便越强烈，搭便车的行为也越难被发现。

奥尔森这一理论后来被发展成"多人囚犯两难博弈"，成为非合作博弈论的一个重要分支。

然而，它描述的却是人们十分熟悉的现象。"一个和尚挑水喝，两个和尚抬水喝，三个和尚没水喝"讲的就是这个道理。"两个和尚抬水喝"是集体行动成功的例子，而"三个和尚没水喝"则体现了集体行动的失败。从"二"到"三"，由成功至失败的变化，关键在于集体人数的增多。奥尔森还发现，集体行动在两种特定条件下比较容易产生。一是集体成员的“不对称”，二是“选择性激励”的存在。

名人点评

我们大多数人都相当类似，认识其中一个就等于认识了全部，但奥尔森却不同，他别具一格，这使人们更怀念他。

——罗伯特·梭罗

“不对称”说的是集体成员收益的不对称。个别成员从集体行动中得到的利益比其他成员来得越大，他为集体行动做贡献的积极性也就越大，假如三个和尚中有一个是喝水特别多的“水鬼”，而其他两个是很少喝水的“耐干旱品种”，那么“水鬼”和尚挑水给大家喝的可能性就很大。不对称性在国际间的集体行动中经常出现。例如，亚洲金融危机对日本的影响很大，因此日本积极出钱设立“亚洲货币基金”。同样，美国认为北约能给美国安全带来很大利益，因此愿意负担高达70%的北约经费。

“选择性激励”的存在是实现集体行动的另一个条件。选择性激励可以分为正向激励和反向激励两种。正向激励通过搭卖私人物品的方法刺激集体成员为负担集体行动的成本做贡献。许多慈善机

◀越是庞大的企业，越是需要科学的管理：建立严密的组织结构，任命称职的管理者、制订明确可行的计划等。

构的筹款活动都提供正向激励。例如，购买慈善演出的门票可以观看别人看不到的演出，慈善捐款可以获得赢取奖品的抽奖机会等，都是搭卖私人物品的行为。其他正向激励的存在也能够促进集体行动的产生。三个和尚中的那个小和尚也许就不介意天天下山挑水，以便借此机会偷偷瞧一瞧在河对面洗衣服的那位貌美村姑。与此类似，美国劳联产联领袖组织工会运动得到的利益，主要在于他们个人所获得的政治权力和行政资源，与劳资谈判获得的直接利益反而关系不大。

反向激励是惩罚搭便车者的措施。最常见的是禁止搭便车者享受集体行动的成果。许多国家的工会都将劳资谈判的范围限制在工会会员范围内，使非会员无法享受工会争取到的加薪和优惠待遇。

推荐读本

斯蒂芬·P.罗宾斯的《管理学》以大量的研究材料和案例客观地展现各种流派的观点，以及各种的探索，让读者自己从中领悟管理的真缔、对管理的社会责任和道德、战略管理和企业家精神、组织和职务的设计、组织行为的基础、领导理论和沟通，以及人际关系技能的讨论，更是取材丰富，分析透彻，见解独到而精辟。

奥尔森的《集体行动的逻辑》(1965年出版)一书，对社会科学的研究产生了非常深刻的影响，为跨学科的社会科学研究树立了典范。迄今为止，这本著作有超过10种语言的翻译本，并且在1993年获得美国管理学会颁发的“最持久贡献著作奖”，在1995年获得美国政治学会颁发的里昂—爱泼斯坦奖。

“一枚铁戒指”
——经济学与人类关怀

在经济学史上，许多经济学家都把经济学看做是为人类谋幸福的学说，旨在让经济学这门科学能够为人类增加财富，最终使人类过上幸福美好的生活。在实践生活中，也有千千万万人民在自觉或不自觉地帮助他人，为他人谋幸福，充分体现了经济学与人类关怀。在这里我想讲一个“一枚铁戒指”的故事。

这是一个真实的故事，主人公是一位留学日本的中国女研究生，名叫刘冰。她在日本留学的第二年，由于当时日本电视新闻刻意夸大了中国留学生犯罪的事实，所以越来越多的日本人不愿意把房子租给中国人。因此，当她租住的公寓到期时，房东便再也不肯把房子续租给她了。

1999年2月的一天，寒风呼啸，东京的天空下起了小雪。她找了一天的房子仍无着落，只好在车站的长椅上呆坐了下来，她顿时感到走投无路，呜咽起来。突然有人拍着她的肩膀，她抬头一望，原来是一位脸上布满皱纹而又极其慈爱的老妇人。那位老人说：“孩子，不哭，你这么年轻，有什么伤心事一定会过去的”。她点了点头：“谢谢您，阿巴桑，不过我马上就没地方住，要沦落街头了”。说完她又继续哭了起来。老人在旁边不住地安慰她，最后见她怎么也止不住哭，老人便扯起她的手带她离开了车站。当时刘冰像受了催眠术一样跟着老人，直到老人家的楼下，才发现那是一座破旧的住宅楼，入住的人只要每月交2万日元的房租就可以。老人的家具破旧不堪，都是年代久远的东西，连电视遥控器都没有。

老人说：“如你不嫌弃就在我这儿住几天，等找到了房子再搬出去，总比流落街头要好。”

刘冰瞪大了眼睛吃惊地看着她，简直不相信自己的耳朵。老人真是上帝派来救她的啊！

凭着直觉，刘冰感到老人的经济状况并不好。老人从不提及自己的丈夫，只告诉刘冰她有一个儿子，一年才看她一次。老人患有糖尿病，腿脚不便，总拄着拐杖。刘冰劝老人要经常去医院复查，她不肯。在刘冰百般追问下，老人才吐出真情：她已经很久没有交国民健康保险了。刘冰为她感到揪心，她是一个每月3000日元的健康保险费都出不起的可怜老人啊！

于是，刘冰便去川崎市中原山区役所偷偷地为老人办理了国民

▲诺贝尔和平奖获得者——特蕾莎修女，她在世界各地创建了众多的收容所与医疗机构，帮助那些贫苦无助的人们。

▼联合国拥有众多的基金会，他们靠捐献等方式从发达地区筹集资金去帮助落后国家与战乱地区的人民。图为联合国总部大楼。

健康保险。当刘冰把黄色的国民健康保险证交到老人的手中时，她捧住刘冰的手像孩子一样哭了起来。

第二天，刘冰又请假陪她去医院复查糖尿病。医生请刘冰进去，问刘冰是她的什么人，刘冰说是她的孙女。医生责备她说，老人的糖尿病综合征已经到了相当严重的地步，眼底毛细血管破裂，马上就要双目失明，而且就要转为尿毒症了，必须马上住院。

刘冰回家思索了一夜。第二天一大早刘冰就把自己仅有的78万日元(相当于5万元人民币)的存折放在老人的面前，说："阿巴桑，用这钱去住院吧。"老人打开存折看到上面的数字惊慌了，忙不迭地把存折抛给刘冰说："这简直要杀死她了。"刘冰恳切地请求老人收下，老人死活不肯，刘冰不由分说当天上午就帮她去医院办好了住院手续，并预交了50万日元的住院费。老人住院后就再也没有出来，刘冰那78万日元仅够老人全部住院费的4/5的开销。

2000年7月，病重的老人特意请了律师代她起草了一份遗嘱，将自己仅有的一些旧书、旧家具、旧照片及一枚她戴在手上的铁戒指全部留给刘冰，说是为了报答刘冰的"恩情"。律师认为这些遗产不值钱，只不过是老人的一个心愿罢了，也就公事公办了。等人走后，老人拉过刘冰的手让她坐在她身边，然后从她那瘦骨嶙峋的左手食指上把一个丑陋笨重的铁戒指退下来，亲自戴到了刘冰右手的中指上。老人语重心长地对刘冰说："别看它丑陋，孩子，记住，最珍贵的东西不要从表面来判断它。"

老人又说："这枚戒指跟了我54年，它就是他的生命再现。我的他是日本最著名的华族(即贵族)的军人。他刚刚从京都大学法律系毕业就去了中国战场，我想他一定做了许多违背天良的事。战败后，他从大连乘船返回日本，看到战败后满目疮痍、道德沦丧的日本，他的心碎了。他一下子陷入了一种癫狂状态，他承受不了这场战争给他带来的创伤。自甘堕落，每日流连于艺妓之间。我就是在那个时候结识他的，那时我是一个艺妓，我是卖艺不卖身的。我疯狂地爱上了他，并把我的身体也给了他。他说他会永远爱我，并把他一直戴着的这枚戒指摘下来给了我。后来他自杀了。”

不久，老人去世了，还欠下20万元医疗费。律师把老人的儿子叫来，当着他的面清点了遗产。老人的儿子不屑一顾，同意将全部东西给刘冰，自己放弃继承权，并声称：“既然刘小姐接受了遗产，那么刘小姐来偿还欠资。”大家没有异议。

2002年6月，在东京港区王子饭店有一个二战老兵的聚会，刘冰在那个聚会上当服务生赚零工钱。就在她为一位二战老兵端橙汁的时候，那位老兵握住刘冰戴铁戒指的手不肯松开。他抑制不住内心的激动对刘冰说：“我曾在遥远的学生时代见过它。那时候我在京都，我的一位好友戴过一个与它非常相似的戒指，后来我们都上了战场。”

老兵告诉刘冰：“这枚戒指是贵族家庭的传家宝。”几天之后刘冰忍不住到东京最权威、最老的古董店“神田二天门店”把戒指拿给店主看。店主用放大镜端详了老半天，然后意味深长地说：“小姐，恕我冒昧，这的确是一枚老戒指，但我说不出来历，因为从重量上看它比铁要轻。”得到刘冰的允许，店主打开了那层“铁皮”，铁被去掉之后，里面是一颗硕大的钻石，有3克拉大小，镶在白金之中，大家都惊呆了。刘冰问店主，它价值多少?店主在测量了钻石的清晰度和色泽之后，轻轻地对刘冰说：“小姐，你已经是一个富人了。”刘冰用手帕将那枚戒指包好，在恍惚之中回到了公寓。

刘冰想，老人一生贫困，为了爱始终不肯出卖这枚戒指，宁可在贫苦中老死。可怜的老人!然而刘冰有一个疑团一直不解，为什么她在临终前不对刘冰说明真相?有一天刘冰路过律师事务所的时候，忽然明白了：老人是怕我知道真相后，在与她儿子发生财产纠纷时露出破绽，老人知道刘冰是一个不善于撒谎的人……

老人的平常心感动了刘小姐，刘小姐则捧出一个善良而又纯洁的金子般的心献给了老人，帮助老人走完了人生一段艰辛的道路。这就是人类的关怀和幸福!

后记：经济学学习和研究方法

经济学的研究方法

研究经济学的方法有实证分析和规范分析之分，用实证分析方法研究经济学称为实证经济学，用规范分析方法研究经济学称为规范经济学。实证经济学只研究经济本身的内在规律，并根据这些规律，分析和预测人们经济行为的效果，它要回答“是什么”的问题。实证经济学的内容更具有客观性，它不以人的意志为转移，所得出的结论能够经得起事实的检验。

实证分析方法是形成理论的方法，这种方法首先要对研究的经济变量确定定义，并提出一些假设条件，然后根据这些定义与假设提出一种假说，并根据这种假说提出对未来的预测，最后再用事实来验证预测的正确性。

通过检验，如果预测是正确的，这一假说就成为正确的理论，如果预测不正确，假说将被放弃或被修改。

规范经济学是以一定的价值判断为基础，提出某些标准作为分析处理经济问题的标准，树立经济理论的前提，经济政策的依据，并研究如何才能符合这些标准。所谓价值判断就是指对经济事物社会价值的判断，即对某一经济事物是好还是坏的判断。规范经济学要回答“应该是什么”的问题，所得出的结论要受到不同的价值观的影响。

是否以一定的价值判断为依据是规范经济学和实证经济学的重要区别之一。

虽然实证经济学和规范经济学有很大差异，但是它们并不是绝对互相排斥的。也就是说，规范经济学要以实证分析法为基础，而实证经济学也离不开规范分析法的指导。一般来说，越是具体的问题，实证的成分越多；越是高层次的、带有决策性的问题，越具有规范性。

经济学的学习方法

经济学可谓是通篇充满了数学方程式和图形，以至于让大多数人认为要学好经济学非得精通数学不可。其实不然。经济学家用抽象的推理、图形和数学工具来表述经济学道理是理论化本身的需要，这样做也有助于人们对世界的认识更深入、更准确。但是，对于普通人来说，如果我们抛开高难度的理论，而把经济学和我们的生活联结在一起的话，我们就会发现经济学其实就在我们身边，它既不神秘，也不艰涩。事实也是如此，经济学就是来源于生活，任何一个人几乎每天都在运用经济学的道理。

不过，图形还是应该予以关注的，因为它非常直观，可以帮助我们理解内容。但是，也完全没有必要去记住它，只要能看懂，知道各部分代表什么、说明什么内容就可以了。

这些只是针对业余经济学爱好者说的，对于专业的经济学学习者，抽象思维的能力和数学工具还是必不可少的。

要学习经济学，就必须掌握一些基本概念与理论。这对任何对经济学有热情的人来说，都是很重要的。这就需要我们从系统地读一本教科书开始，比如，美国经济学家曼昆的《经济学原理》。这是一条捷径，任何学问都是如此，必须从教科书入手，因为教科书会对所涉及的学科进行全面、系统的总结与概述。然后，再将概念、理论和我们的现实生活结合起来，用实例来帮助我们理解。

任何人学习任何学问，最终的目的还是要会用，学习经济学也是一样。专业学习者自不必说，就是非专业学习者也要学会使用经济学。学会使用经济学也就是要学会经济学家的思维方法，要会用经济学的知识和方法来分析生活中遇到的各种问题，并能从经济学的角度解决这些问题。

这就要求经济学的学习者，不但要读、要学，还要用。要边学习，边思考，边运用，这样才会在学习中获得乐趣，才能喜欢它、学会它，并在应用的过程中体会到萧伯纳的那句名言：经济学是一门使人生幸福的学问。

有一点要强调一下，我们所说的经济学，指的是现代西方经济学。但是，有的人不知道这一点。一提到经济学，他们首先想到的却是中学时代学过的政治经济学。其实它们完全是两码事，它们的理论体系和内容完全不同。现代西方经济学是研究具体的经济问题的，而政治经济学则是研究生产关系，揭示资本主义制度的产生、发展与灭亡的规律的。

西方经济学派一览表

重商主义　　16 世纪～17 世纪　　代表人物：伦威尔（英）、考尔白（法）、曼·托马斯（英）

西欧封建社会瓦解和资本原始积累时期产生的经济学派，其最基本观点是把金银、即货币说成是社会的唯一财富，强调贸易的重要性，倡导贸易改支均衡——出口顺差。

重农主义　　18 世纪　　代表人物：魁奈·杜邦、维耶尔、杜哥尔

主要在法国盛行的认为土地是所有财富的来源，农业是唯一真正的生产性事业为基本理论，其理论推论认为仅有土地才应该被课税，强调生产而非贸易是繁荣的基础。

古典经济学　　18 世纪末～19 世纪初　　代表人物：亚当·斯密、配第、李嘉图

主张对资产阶级的经济活动不加任何限制与干涉，因为经济生活是由“自然规律”支配的，国家不应对经济生活进行干预和监督，同时提出了商品价值的来源问题以及剩余价值的性质。

马尔萨斯主义　　19 世纪上半期　　代表人物：马尔萨斯、普莱斯、卡莱尔

认为人口增长有比生活资料增长更快的趋势是永恒的规律，工人的失业和贫困是人口增长不可避免的结果。

历史学派　　19 世纪初期～19 世纪 40 年代　　代表人物：罗雪尔、施穆勒、李斯特

反对19世纪中叶以前的英法传统经济学，以历史归纳法反对抽象演绎法；以历史反对理论否认经济规律的客观存在，以国家主义反对世界主义，以生产力的培植反对交换价值的追求，以国家干预经济反对自由放任。

奥地利学派　　19 世纪 70 年代　　代表人物：门格尔、维塞尔、巴维克

其理论核心为边际效用价值论，认为一件东西的价值，除有效用之外，还必须“稀少”，即数量有限。以致它的得失成为物主快乐或痛苦所必不可少的条件，而市场价格无非是根据这种主观价值所作的估价而形成的。

数理经济学派　　19 世纪末 70 年代初　　代表人物：杰文斯、瓦尔拉斯、帕雷托

提倡以数学为分析工具对经济进行研究的学派，是以倡导边际效用价值论和边际分析为特点的边际效用学派。

瑞典学派　　19世纪20年代初　　代表人物：K.维克塞尔、G.卡塞尔、G.缪达尔

该学派提出累积过程理论，主张控制利息率以维持经济稳定，发展了宏观动态论与均衡方法论，建立了经济周期理论，并提出以宏观货币政策为主，以财政政策、产业政策、工资政策为辅的经济政策主张。

剑检学派　　19世纪末20世纪初　　代表人物：马歇尔、庇古、罗伯逊

该学派继承了19世纪初以来的英国庸俗经济学传统，兼收并容，用折衷主义的方法把供求论、生产费用论，边际效用论等融合在一起，建立了一个以完全竞争为前提，以"均衡价格论"为核心的完整的庸俗经济学体系。

凯恩斯学派　　20世纪30年代　　代表人物：凯恩斯

其认为生产和就业的水平决定于总需求的水平，总需求是整个经济系统对商品和服务的需求的总量，在微观经济理论中，价格、工资和利息会自动调整使总需求趋向于充分就业的水平。

制度学派　　19世纪末20世纪初　　代表人物：凡勃伦

以研究制度和分析制度而著称。他采用历史方法、社会达尔文主义和职能主义心理学，批评传统经济学的方法论，承认资本主义制度存在各种弊端和缺陷，强调对资本主义各种经济关系的改良，形成制度学派的传统。

伦敦学派　　20世纪30、40年代　　代表人物：奥尼尔·罗宾斯、哈耶克、约翰、希克斯

坚持自由放任，反对任何形式的国家干预，主张以货币的私人银行发行取代国家发行。

弗赖堡学派　　20世纪30年代　　代表人物：瓦尔特·欧根、路德维希·艾哈德

他们认为：政府的责任不应是直接干预私营企业的经济事务，而必须是制订和执行私人经济活动所应遵守的规则，鼓励竞争，为市场经济的顺利运行创造适宜的环境。

合理预期学派　　20世纪70年代　　代表人物：卢卡斯

认为人们在充分掌握一切可利用的信息后，经过周密的思考和判断会形成切合未来实际的预期，如果政府对经济或货币加以干预，公众的预期行为和预防措施会抵消政府的政策效果，而使其无效。

供给学派　　20世纪70年代　　代表人物：J.万尼斯基、P.C.罗伯茨、N.B.图尔

推崇萨伊定律，重新强调供给的重要性，认为在供给和需求的关系上，供给居于首要的决定性的地位，并提出通过减税，刺激投资，从而增加供给的政策主张。

货币主义　　20世纪60年代　　代表人物：弗里德曼

货币学派的思想渊源是资产阶级经济学说中的传统货币数量说，其核心是经济生活中货币最重要，提出货币发行增长率要与经济增长率一样，除此以外不要对经济活动有任何干预。并强调恒久性收入对货币需求的主导作用。

新古典综合派　　20 世纪 60 年代　　代表人物：萨缪尔森、托宾·索洛

其特色就在于将凯恩斯的经济理论同马歇尔为代表的新古典经济学的价值论和分配论糅合在一起，从而组成一个集凯恩斯宏观经济学和马歇尔微观经济学之大成的经济理论体系。

新剑桥学派　　20 世纪 50 至 60 年代　　代表人物：琼·罗宾逊、卡尔多、斯拉法

新剑桥学派的经济学家认为，分配论是价值论的引申，为了建立客观的价值理论，就必须批判边际效用学派的主观价值论，回复到古典经济学的传统，从李嘉图的劳动价值论出发进行研究。

熊彼特经济思想　　19 世纪末 20 世纪初　　代表人物：熊彼特

以一般均衡为出发点，将经济体系内在因素的发展作为推动体系本身发展变化的动源，以"创新"概念为中心，把历史的、统计的与理论的分析紧密结合。他从经济、政治、文化心理诸方面论证了资本主义的必然崩溃，强调资本主义是由于它的成就而非失败走向崩溃，并从主客观两方面原因进行了分析。

罗斯托经济思想　　20 世纪 70 至 80 年代　　代表人物：罗斯托

罗斯托经济成长阶段论的主要内容，是把近代史分为一系列的成长阶段。他认为人类社会由低级成长阶段向高级成长阶段的一次过渡是必然规律并主要说明了以下几个阶段：传统社会、过渡阶段、起飞阶段、向成熟推进阶段、高额群众消费阶段、追求生活质量阶段。

激进经济学派　　20 世纪 60 年代后期　　代表人物：巴兰、斯威齐、爱德华兹

激进经济学派试图用马克思主义经济学的基本观点和方法来分析、研究当代经济问题，同资产阶级正统学派分庭抗礼，特别是对当代资本主义、发展中国家的贫困根源、不发达国家和发达国家之间的经济关系等重大问题做了有意义的探索。

诺贝尔经济学奖获奖名单(1969~2008)

1969年至今，在40年里，共有61人获得诺贝尔经济学奖，而且清一色是男性，他们获奖时的平均年龄是66.5岁。最年轻的是1972年获奖的美国经济学家门罗，时年51岁。最年长的是1991年获奖的美国经济学家科斯，时年81岁。依国籍排行榜为：美国43人，英国6人，瑞典2人，挪威3人，法国、德国、荷兰、苏联和印度各1人。以下为各诺贝尔奖获奖者的的主要观点，其往往是经济学发展的方向，重要程度不可替代。

1969	拉格纳·弗里希	1895～1973	挪威	创立经济计量学理论，运用动态模型分析经济活动。
1969	简·丁伯根	1903～1994	荷兰	创立经济计量学，发展与应用动态模型研究和分析经济活动，使实证分析数量化及经济假说的统计检验成为可能。
1970	保罗·安·萨缪尔森	1915～	美国	以科学方法研究静态与动态经济理论，对提高经济科学的分析水平有显著贡献。
1971	西蒙·库兹涅茨	1901～1985	美国	对国民生产总值、经济增长和发展的统计研究。
1972	约翰·希克斯	1904～1989	英国	在动态的一般均衡理论和福利经济学方面开创性的研究成果。
1972	肯尼斯·约瑟夫·门罗	1921～	美国	在动态的一般均衡理论和福利经济学方面开创性的研究成果。
1973	华西里·里昂惕夫	1906～1999	美国	创立了投入—产出分析方法理论体系，并将其应用于重要的经济问题。
1974	纲纳·缪尔达尔	1898～1987	瑞典	对货币均衡理论、经济周期理论，以及经济社会和制度方面相互依存关系等方面的开创性研究。
1974	弗·冯·哈耶克	1899～1992	英国	对货币均衡理论、经济周期理论，以及经济社会和制度方面相互依存关系等方面的开创性研究。
1975	列奥尼德·康托罗维奇	1912～1986	苏联	在资源最优利用理论和建立线性规划方法方面的卓有成就的研究。

1975	佳林·库普曼斯	1910～1985	美国	在资源最优利用理论和建立线性规划方法方面的卓有成就的研究。
1976	米尔顿·弗里德曼	1912～	美国	对消费分析和货币历史与理论方面的成就，以及论证稳定经济的政策的复杂性方面的贡献。
1977	戈特哈德·贝蒂·俄林	1899～1979	瑞典	对国际贸易理论和国际资本流动理论作出开拓性研究。
1977	詹姆斯·爱德华·米德	1907～1995	英国	对国际贸易理论和国际资本流动理论作出开拓性研究。
1978	赫伯特·亚·西蒙	1916～2001	美国	对经济组织内决策程序的开创性研究。
1979	西奥多·舒尔茨	1902～1998	美国	对第三世界国家经济发展特别是对农业发展所需要的人力资本投资作用的分析。
1979	威廉·阿瑟·刘易斯	1915～1991	美国	对经济增长理论，特别是对发展中国家经济增长理论的首创性研究。
1980	劳伦斯·罗·克莱因	1920～	美国	创立宏观计量经济学模型，并广泛应用于经济预测和经济政策分析方面的杰出贡献。
1981	詹姆士·托宾	1918～	美国	对金融市场及其与各项支出的决策、生产、就业和物价等方面的相互关系的分析。
1982	乔治·斯蒂格勒	1911～1991	美国	在研究产业结构、消费者行为、市场信息作用以及政府管制性政策等方面的贡献。
1983	罗拉尔·德布鲁	1921～	美国	在价格和自由市场经济之间的平衡、生产供应与消费需求之间的平衡等方面创造性的研究，以及对一般经济均衡理论严格地再阐述。
1984	理查德·约翰·斯通	1913～1991	英国	对建立国民经济核算体系及完善经验经济分析的基础做出了重大的贡献。
1985	弗兰科·莫迪利亚尼	1918～	美国	在家庭储蓄和公司资金筹集活动方面的创造性研究。
1986	詹姆斯·布坎南	1919～	美国	奠定了经济政治决策理论的基础，并对政治决策和公共经济理论作出的重要贡献。
1987	罗伯特·索洛	1924～	美国	对经济增长理论和对增长过程的经验主义的研究所作出的杰出贡献。
1988	莫里斯·阿莱	1911～	法国	在市场理论和资源有效配置方面的开创性贡献。
1989	特里夫·哈韦尔莫	1911～1995	挪威	对经济计量学的发展，即用推算和检验数量经

				济关系的方法所做的开创性的贡献。
1990	哈里·马尔科维茨	1927～	美国	在现代金融经济学理论方面的开创性工作，为投资者、股东和金融专家们提供了衡量不同的金融资产投资的风险和收益的工具。
1990	默顿·米勒	1923～2000	美国	通过解释资本结构和公司股得政策之间的关系，公司的市场价值和资本成本之间的关系，对公司财务研究理论产生了重大影响。
1990	威廉·夏普	1934～	美国	建立了资本资产定价模型并成为现代金融市场价格理论的核心。
1991	罗纳德·科斯	1910～	美国	对经济的体制结构取得突破性的研究成果。
1992	加里·贝克尔	1930～	美国	运用微观经济分析理论对人类行为等领域研究所取得的丰硕成果。
1993	罗伯特·福格尔	1926～	美国	使用经济理论和定量分析的方法来解释经济和结构的变化。
1993	道格拉斯·诺思	1920～	美国	使用经济理论和定量分析的方法来解释经济和结构的变化。
1994	约翰·海萨尼	1920～2000	美国	将博弈论运用于经济分析方面取得的卓越成就。
1994	约翰·纳什	1928～	美国	将博弈论运用于经济分析方面取得的卓越成就。
1994	莱因哈德·谢尔顿	1930～	德国	将博弈论运用于经济分析方面取得的卓越成就。
1995	罗伯特·卢卡斯	1937～	美国	对理性预期理论的发展和应用，从根本上改变了宏观经济分析方法。
1996	詹姆斯·米尔利斯	1936～	英国	对不对称信息下的激励理论作出的奠基性贡献。
1996	威廉·维克里	1914～1996	美国	对不对称信息下的激励理论作出的奠基性贡献。
1997	罗伯特·默顿	1944～	美国	在期权和衍生证券方面所作出的开创性的贡献。
1997	迈伦·斯科尔斯	1941～	美国	在期权和衍生证券方面所作出的开创性的贡献。
1998	阿玛蒂亚·森	1933～	印度	在福利经济学的基础研究方面的重大贡献，以及对贫困和不平等问题的突破性的创见。
1999	罗伯特·蒙代尔	1932～	美国	对不同汇率体制下的货币与财政政策，以及最佳货币区所作的分析。
2000	詹姆斯·赫克曼	1944～		提出分析样本选择的理论和方法。
2000	丹尼尔·麦克法登	1937～		提出分析个人选择的理论和方法。
2001	约瑟夫·斯蒂格利茨	1943～	美国	为信息经济学的创立作出了重大贡献，对充满

				不对称信息市场进行分析，领域贡献突出。
2001	乔治·阿克尔洛夫	1940～	美国	为信息经济学的创立作出了重大贡献，对充满不对称信息市场进行分析，领域贡献突出。
2002	丹尼尔·卡尼曼	1934～	美国	把心理学分析法与经济学研究结合在一起，创立了一个新的经济学研究领域奠定了基础。
2002	弗农·史密斯	1927～	美国	开创了一系列实验法，为通过实验室实验进行可靠的经济学研究确定了标准。
2003	罗伯特·恩格尔	1942～	美国	用“随着时间变化的易变性”分析经济时间数列。
2003	克莱夫·格兰杰	1934～	英国	用“共同趋势”分析经济时间数列。
2004	芬恩·基德兰德	1943～	挪威	在动态宏观经济学领域作出了贡献。
2004	爱德华·普雷斯科特	1940～	美国	在动态宏观经济学领域作出了贡献。
2005	罗伯特·奥曼	1930～	以色列 美国	在促进对冲突与合作的理解方面作出了贡献。
2005	托玛斯·谢林	1921～	美国	在促进对冲突与合作的理解方面作出了贡献。
2006	埃德蒙·费尔普斯	1933～	美国	在通货膨胀领域作出了贡献。
2007	莱昂尼德·赫维奇	1917～	美国	在创立和发展“机制设计理论”方面作出了贡献。
2007	埃里克·马斯金	1950～	美国	在创立和发展“机制设计理论”方面作出了贡献。
2007	罗杰·迈尔森	1951～	美国	在创立和发展“机制设计理论”方面作出了贡献。
2008	保罗·克鲁格曼	1953～	美国	在分析国际贸易模式和经济活动的地域方面作出了贡献。

图说经济学